KB233122

대학생을 위한
히든취업 **트**레이닝

365일 독자와 함께 지식을 공유하고 희망을 열어갑니다.

대학생을 위한 히든취업 트레이닝

초판 1쇄 인쇄 2013년 2월 20일
초판 1쇄 발행 2013년 2월 25일

지은이 최지은
펴낸곳 아인북스
펴낸이 윤영진

등록번호 204 - 93 - 08829
주소 서울시 종로구 내수동 72
      경희궁의 아침 3단지 오피스텔 1104호
전화 02-926-3018   팩스 02-926-3019
메일 bookpd@naver.com

ⓒ 최지은 2013
ISBN 978-89-91042-44-5   13320

대학생을 위한 히든취업 트레이닝

Hidden
Employment
Training

최지은 지음

아인북스

어! 또 문이네...
I can do it !

청춘들은 대학에 입학하여 하고 싶은 꿈들이 많았을 것이다. 하지만 현실은 입학과 동시에 졸업 후의 진로를 걱정해야 한다. 무한한 자유를 만끽할 틈도 없이 대학 입학은 또다른 사회로 나아가기 위한 출발점인 것이다.

따라서 학과 공부와 많은 시간을 도서관이나 학원에서 취업 준비로 보내야 한다. 그런데 '취업 준비'란 참으로 모호한 면이 있다. 어느 순간부터 취업 준비의 인식이 스펙과 같은 학점, 자격증, 어학 점수와 같은 외형적이고 수치적인 것으로 치부되기 시작했다. 우선 직업에 뚜렷한 계획이나 비전이 중요한 것이 아니라 단지 주변 사람들이 부러워하는 일류 회사를 목표로 목적 없는 스펙만 쌓는 현실이다. 지금도 수많은 대학생들이 자신의 강점이 무엇인지, 적성에 맞는 일이 무엇인지 고민하거나 생각하기 보다는 거꾸로 스펙에만 목을 매고 있다. 어떤 청춘들은 때로는 입사하지 못하는 주된 원인을 스펙이 부족한 탓으로 여긴다.

만일 우수한 스펙으로 인하여 입사한다고 이제부터 모든 것이 행복해지는 것은 아니다. 내가 아는 사람 중엔 많은 고생 끝에 대기업에 들어갔지만, 불과 1년 만에 일을 그만둔 사람도 있다. 그는 대학시절에 뚜렷한 목적 없이 취업 준비를 한 것을 후회하고 있다. 반대로 어떤 이들은 좋아하는 일을 하고 싶은 데 현실이 따라주지 않아 직장을 구하지 못하기도 한다. 조건이 맞는 회사에 입사지원을 해도 이유를 모른 채 번번이 떨어지기만 한다.

막연한 대학생활과 취업 준비로 방황하는 청춘에게

요즘 청춘과 관련된 강연과 많은 도서가 나오고 있지만 매우 안타까운 것은 청춘의 아픔을 이해하는 데 초점이 맞추어져 있을 뿐, 정작 궁극적으로 청춘이 가진 문제를 공감하지 못하는 데 있다. 청춘의 가장 큰 고민은 무엇일까? 다름 아닌 진로 미결정으로 인한 미래의 불확실성이다. 따라서 이 책은 취업을 준비 중인 재학생이나 기졸업자에게 실질적인 준비에 도움을 주려고 기획하게 되었다. 책의 전체적인 구성은 다음과 같다.

- 스마트한 대학생활법
- 근본적인 취업 문제 해결하기
- 자기 분석과 목표 설정으로 효과적인 취업 준비
- 나만의 강점을 살린 업종에 취업하기

본문 중간에 나오는 워크시트는 여러분이 원하는 직업을 찾을 수 있는 방향으로 제시해준다. 또한 강점을 살릴 만한 스토리가 없어서 자기소개서 작성에 어려움을 느끼고 있다면, 워크시트 작성을 통해 나만의 스토리를 찾을 수 있다. 목표로 한 회사에 입사하는 날까지 곁에 두고 충분히 활용하고 자신만의 솔직한 생각으로 채워보자. 진로와 취업을 앞두고 이 책을 참고로 자기소개서 작성을 한다면 매우 효과적일 것이다.

분문에서 자신이 처한 근본적인 문제를 찾아 해결한 다음, 철저한 자기 분석으로 강점을 찾도록 제시를 해주고 있다. 그리고 강점을 살릴 수 있는 분야에 지원, 입사하여 취업 성공률을 높이도록 하며 원하는 직업에 종사하는 길을 안내해준다. 어느 회사에 입사하더라도 자신이 원하는 직업일수록 직무 만족도가 높고, 당당하고 즐겁게 일할 수 있다.

내일이 아닌 '내 일^{my job}'을 찾아야 한다

우리의 목표는 스펙이라는 수단이 아닌 '내 일'을 찾는 데 목적을 두어야 한다. 내 일을 위해 사는 사람은 하루가 즐겁고, 또 다른 '내 일'을 꿈꾼다. 날마다 마지못해 일을 하면서 살아간다면 금세 지쳐서 일을 그만두거나 다른 일을 찾으려고 할 것이다. 그렇기 때문에 '내 일'을 찾는 것은 너무나도 중요하다. 이제는 평생 직장이 아닌 평생 직업의 시대이다. 어느 직장을 다니는 것만으로 성공을 판가름 할 수 없다. 미래의 사회는 '내 일'을 가져야 퇴직 후에도 평생 직업에 종사할 수 있는 길이 열린다.

이 책이 여러분의 취업과 직업 선택이라는 기로에서 가장 멋진 길로 인도하는 지침서가 되어 주길 원한다. 분명 선택의 순간에 많은 고민으로 망설이고 있겠지만 그럴 때일수록 철저하게 자신을 분석하여 올바른 방향으로 가고 있는지 잘 살펴보기 바란다. 마지막으로 방황하는 청춘들이 입사하여 새로운 대한민국을 이끌어 나갈 수 있는 힘이 되었으면 한다. 또한 어려운 여건 속에서도 부족한 글을 가족과 주위 분들이 격려해주고 책으로 출간되도록 계획하고 이끌어주신 하나님께 깊은 감사의 기도를 드린다.

이제 가슴속의 열정과 무한한 희망을 가지고 나만의 당당한 '내 일'을 찾기 위한 첫걸음을 시작해 보자!

초록이 꿈틀거리는 새봄을 기다리며

최지은

PART 3 입사 성공을 위한 15가지 전략

PART 4 청춘들의 내 일을 찾아라

스마트한 대학생활 하는 방법

전략적인
수강 신청하기

매 학기 초만 되면 대학생들은 수강 신청 때문에 골머리를 앓는다. 애초에 세워 놓은 강의 시간표가 실패할 확률이 높아서다. 그러다 보니 첫 주 수업은 제대로 듣지 못하고 수강 신청 인원만 빠지기를 전전긍긍한다. 수강 신청에 실패하면 한 학기의 대학 생활은 편하지 않다. 주체할 수 없이 공강 시간이 많아지거나 시간을 효과적으로 활용하지 못해 소중한 시간을 버리는 일이 생긴다.

이렇게 힘겹게 수강 신청을 한 수업의 만족도는 얼마나 될까? 그나마 해당 과목 교수가 수업을 잘 가르치면 만족도가 높지만, 무성의한 수업이면 불만을 토로하기에 십상이다. 하지만 불만이 있어도 건의를 통해 수업의 질을 개선하기는 어렵다. 수강평가 제도가 있어도 대부분 반영되지 못하고 형식적이기 때문이다. 많은 등록금을 내고 수업을 듣는데, 헛된 시간을 보내서는 안 된다. 아직도 자신이 제대로 된 방향으로 가고 있는지 갈피를 못 잡고 있다면, 앞으로 어떻게 해야 현명한 수강 신청을 할 수 있을까?

대학생들의 24시간은 매일 공부와 과제, 아르바이트에 치여 정신없이 보낸다. 방학이라 해도 학기 중의 생활과 크게 다르지 않다. 방학 중 수강 신청 기간이 되었을 때, 학교 친구들과 모여 급하게 시간표를 작성하게 된다. 누구나 수업을 혼자 듣고, 혼자 밥 먹기 싫을 것이다. 아는 사람이 있으면 수업 듣기도 편하고 학교생활도 즐겁다. 하지만 이제는 소신껏 수강 신청을 할 필요가 있다. 현명한 판단과 결정으로 자신의 선택에 책임질 수 있어야 한다.

수강 신청 직전에 시간표를 작성하느라 애먹지 말고, 학교에서 나오는 대학 요람과 수강 신청 가이드(1학기/2학기)를 잘 보관해 두자. 대학 요람은 매년 해당 학번(신입생 기준)으로 나온다. 앞으로 4년간 수강해야 할 교과에 대한 상세한 내용과 학칙 등이 자세하게 나와 있어 전체적인 학과의 흐름과 방향을 보는 데 도움이 된다. 나는 재학 시절에 대학 요람을 참고하여 짧게는 1~2년의 계획을 미리 세우고 1, 2학기 수강 신청 가이드를 토대로 1학기 때 미리 2학기 신청할 과목들을 염두에 두었다. 될 수 있으면 불필요한 과목은 신청하지 않았다. 앞으로 내가 하고 싶은 일과 실무에서 필요한 과목 위주로 신청해서 시간을 아끼고, 대학생활을 하면서 남는 시간은 실무에 도움이 될 경험을 쌓는 데 투자했다.

박식하고 열정 있는 교수를 선택하라

성적표를 A로 가득 채운다고 해서 반드시 취업이 잘되는 것은 아니다. 취업에 도움은 되겠지만, 4년 내내 공부만 해서는 취업하기 어려운 것이 현실이다. 스펙만으로 평가받던 시절은 지났다. 기업은 공부를 잘하는 인재가 아니라 일을 잘하는 인재를 원하기 때문이다. 그러나 대학생 대부분은 수강 신청을 할 때 쉬운 과목, 학점을 잘 주는 교수, 잘 가르치는 교수를 선택하려고 한다. 특히 학점을 잘 주기로 소문난 과목은 수강 정정 기간에도 인원이 빠지지 않아 수강 신청에 애먹었던 경험도 있을 것이다.

수강 신청의 기준은 대부분 학교 선배나 주변 사람의 정보에 의존하게 된다. 그만큼 정보의 폭이 좁다. 졸업을 앞둔 한 대학생이 이렇게 상담한 적이 있다. 그는 학기마다 교수 스타일에 맞추어서 공부하다 보면 금세 한 학기가 끝나 버렸다고 한다. 자신이 4년간 무엇을 했는지 모르겠다는 것이다. 이 학생은 졸업 전에도 진로에 대하여 끊임없이 고민하였고 우수한 학점으로 졸업했지만, 졸업한 후에도 여전히 자신의 방향을 찾지 못한 채 방황하고 있는 모습이 안타까웠다.

만일 자신이 나아갈 방향과 좋아하는 일이 무엇인지 모르겠다면, 자신에게 도움이 될 만한 열정이 있는 교수를 직접 찾자. 학점을 떠나 교수와 인연을 쌓고 성장에 도움이 되는 가르침을 받는 것이 좋다. 그 교수를 통해서 구체적인 목표를 세울 수 있고, 앞으로 방향을 설정하는 데 의욕이 생기고 도움이 될 것이다.

Tip 알찬 대학생활을 위한 수강신청 전략

■ **자신이 속한 학부나 학과 홈페이지에서 학번에 해당하는 커리큘럼과 졸업 이수 학점 확인**

졸업 이수 학점 : 졸업하기 위해 충족해야 하는 학점

커리큘럼 : 학년에 따라 이수해야 할 필수 전공, 교양 등으로 지정되어 있는 것

대학 요람, 수강 신청 가이드를 참고하자.

해마다 자신의 학번에 맞는 대학 요람을 참고하여, 1학년부터 4학년까지 수강할 수 있는 과목 등을 미리 살펴보자. 장기적인 계획을 세우는 데 도움이 된다. 또한, 수강 신청 전에 나오는 수강 신청 가이드를 모아두면 다음 학기에 개설되는 과목을 유추하여 수강 신청할 수 있는 장점이 있다.

학교마다 학번에 따라 학점 이수와 필수 전공 이수가 변동될 가능성이 있으므로, 궁금한 사항이 생기면 바로 학과나 학부 사무실에 연락해야 한다. 간혹 이것을 놓쳐 한 학기를 더 다니게 되는 불상사가 생길 수 있으므로 주의하자.

되도록 학년에 맞는 과목으로 수강 신청

각 학과에 맞는 교과목 체계도가 나와 있다. 학년에 맞는 과목으로 순서대로 수강 신청하는 편이 공부에 도움이 된다. 선수 과목 지식 없이 심화과목을 들으면 수업 진도를 따라가는데 어려움이 생길뿐 아니라, 학점 받기도 수월치 않다. 사전에 들을 과목의 교과 체계를 참고하여 학년에 맞는 과목으로 수강 신청하자.

■ 장기적인 미래 계획을 고려하여 수강 신청하기

대외 활동

대학생이라면 대외 활동은 빼놓을 수 없다. 무리하게 학점 신청을 하게 되면, 대외 활동을 병행하기 어려워진다. 특히 활동성이 많은 대외 활동을 하는 경우를 고려하여 수강 신청해야 한다.

아르바이트

아르바이트를 하면서 학점 관리가 수월하지 않다. 그래도 아르바이트를 병행해야 한다면, 자신의 체력과 학점에 피해가 생기지 않도록 시간표를 조율하도록 하자. 가령 평일 야간 아르바이트를 하는데, 주 5일 내내 수업을 듣게 되면 체력적으로 힘들어져 아르바이트와 학점을 다 놓칠 수 있다. 이럴 땐 학교를 나가는 시간을 줄이던가, 아르바이트를 주말로 바꾸는 방법으로 모색해야 한다.

자신의 진로를 고려하여, 소신껏 수강 신청하자.

대체로 수강 신청할 때, 학점 받기 유리한 과목이나 친구들과 함께 수업을 듣는다. 1학년은 교양 수업 위주로 듣기 때문에 큰 관계가 없으나 심화 전공이 시작되는 때는 앞으로 자신의 진로를 고려하여, 수강 신청하도록 하자. 예를 들어 경영학과 학생이라면, 경영학과도 세부 전공으로 회계, 재무, 인사, 마케팅으로 나뉜다. 그 중 회계 분야로 진출하고 싶다면, 회계원리(전공필수) ⇒ 원가회계 ⇒ 중급회계 ⇒ 세무회계 ⇒ 고급회계와 같은 순서로 신청하면 된다.

■ 수강 신청에 실패한다면?

실패를 대비하여 맞바꿀 수 있는 과목을 염두에 두자.

시간표를 다 짜도 수강 신청에 실패하여 한 학기를 망쳐 버리는 경우가 발생할 수 있다. 따라서 인기 강좌나 수강 인원이 적어 폐강될 가능성이 있는 과목일수록, 이와 맞바꿀 수 있는 1~2개의 과목을 미리 생각해 두어야 한다.

수강 신청 실패로 공강 시간이 늘어났다면?

시간 계획에 효율적인 수강 신청 실패로 공강이 몇 시간씩 늘어나 버린 경우, 학생 휴게실에서 친구들과 시간을 보내면서 때우는 학생이 있다. 가급적이면 공강이 많은 것보다는 연강으로 듣는 것이 가장 좋지만, 공강을 자신의 것으로 활용하면 오히려 다른 강의를 듣기 전에 휴식과 사전 학습의 좋은 기회가 된다. 예를 들어 공강 시간이 3시간이면 그 시간에 타 과목의 과제를 하거나, 도서관에서 전공과 교양 과목에 대한 여러 정보를 검색하고 얻도록 한다. 또는 학과 사무실에서 근로 장학생으로 일하면서 효율적으로 시간을 활용할 수 있다.

리포트
작성법

　리포트 작성은 대학생활에 빼놓을 수 없다. 학기마다 과제로 주어지는 리포트 작성은 글쓰기를 어려워하는 대학생에게 어려운 과제이다. 나도 대학생 때 밤새워 리포트를 작성하느라 많은 시간을 할애했던 것이 기억 난다.

　리포트가 어렵게 여겨지는 이유는 단지 과제라는 생각에 얼른 해야 한다는 마음가짐 때문일 것이다. 그런데 과제로만 여기는 리포트가 취업과 직결된다면 어떨까? 눈에 불을 켜고 작성할 것이다. 리포트는 개인 에세이와 같다. 예를 들어 학교 교양 수업에서 전시를 다녀오고 나서 리포트 작성 과제를 줬다고 하자. 우리는 전시에서 느꼈던 경험과 내용을 리포트 형식으로 어떻게든 만들어 낼 것이다. 리포트 작성은 사회생활을 하기 위한 첫 관문이라고 볼 수 있다. 그동안 리포트 작성이 단순히 과제 정도로 느껴왔다면 이제는 그러한 생각을 버려야 한다. 대학이든 회사든 지성적 능력, 협동심, 창의성, 글쓰기 실력을 갖춘 인재를 원한다.

　그러나 대개 과제로 리포트를 작성하라고 하면 연대기를 시간 순서대로 적고 마지막에 자신의 느낀 점으로 급하게 마무리한다. 글자 수를 채우기 위해 억지로 분량을 늘린 리포트도 많다. 따라서 해당 교수는 리포트 분량 수를 제한하여 핵심적인 내용만 쓰라고 할 정도다. 취업으로 이어지는 리포트 작성을 잘할 수 있는 방법을 알아보자.

첫째, 두괄식 문단으로 작성하자.

두괄식 문단은 문단 안에서 중심 문장의 위치가 문단의 앞부분에 있는 문단을 말한다. 두괄식 문단은 글을 읽을 때, 읽는 이가 해당 문단의 중심 생각을 쉽게 찾을 수 있다는 장점이 있다. 첫 문단만 봐도 글이 의도하는 바를 쉽게 이해할 수 있다.

두괄식 문단 작성은 리포트뿐 아니라 자기소개서 작성에 매우 중요하다. 인사담당자는 대체로 자신의 주장과 의견이 분명하게 드러나는 두괄식 작성의 자기소개서를 선호한다.

둘째, 문헌이나 정확한 자료에 있는 인용 자료를 첨부하자.

많은 대학생이 리포트를 작성할 때 범하는 오류가 인터넷의 검증되지 않은 자료들로 토대로 작성한다는 점이다. 작성 유무를 떠나 인터넷과 같은 검증되지 않은 자료로 리포트를 작성하는 것은 바람직하지 않다. 리포트의 신뢰가 떨어질 뿐 아니라 절대로 리포트 작성 능력이 늘지 않는다.

인용 자료를 토대로 리포트를 작성할 때는 반드시 문헌, 논문, 책과 같은 자료를 참고하여 작성해야 한다. 인용 자료는 자신의 견해를 뒷받침하는 자료로 사용된다. 리포트를 잘 쓰고 싶다면 인용 자료를 활용하는 연습을 하자. 그렇게 해야 설득력 있는 탄탄한 내용의 리포트를 작성할 수 있다.

셋째, 문서 편집에 신경 쓰자.

리포트를 작성할 때 문서 편집에 신경 쓰지 않으면 읽는 사람을 불편하게 만든다. 정돈된 문서는 한눈에 내용이 들어오게 한다. 기본적으로 문서 편집에 필요한 리포트 매수, 여백, 줄 간격, 글자체, 글자 크기, 표나 그림 삽입을 주의하자. 그리고 담당 교수에 따라 원하는 리포트 방식이 다를 수 있으므로 교수가 의도하는 바를 정확히 알고 작성하는 것이 중요하다.

넷째, 좋은 리포트는 주제가 분명하게 드러나야 한다.

대부분의 학생들은 리포트가 분량이 많아야 좋은 점수를 받을 수 있다고 생각한다. 그러다 보니 리포트의 주제를 파악하기 어려울 정도로 각종 자료만 붙여 넣다가 끝난다. 내용은 많아 보여도 진짜 전달하는 주제 내용은 하나도 파악되지 않는다. 현재 리포트 작성 시 이런 오류를 범하고 있다면, 좋은 점수를 받기 어렵다. 리포트 분량이 많다고 좋은 것이 아니다. 좋은 리포트는 전달하고자 하는 핵심 주제가 명확하게 드러나게 작성해야 한다.

표지	목차	본문
제목 :	1. p. 01	서론
과목명 :	2. p. 02	본론
제출일 :	3. p. 03	결론
담당교수 :	4. p. 04	맺음말
학과/학번 :	5. p. 05	
이 름 :	〈자료출처 또는 참고자료〉	

1단계 : 표지 작성

표지는 제목, 과목명, 제출일, 담당 교수, 소속 학과, 학번, 이름 순으로 기재한다.

2단계 : 목차 작성

내용이 많으면 목차를 넣는 게 바람직하다. 글의 흐름을 한눈에 볼 수 있도록 한 페이지 내로 정리한다. 연번과 페이지 수를 기재한다. 목차의 연번과 내용의 연번은 일치해야 한다. (예. 1. 취업 시장의 이해(목차) → 1. 취업 시장의 이해(본문)

3단계 : 본문 구성

상대방이 알기 쉽고 몰입하도록 형식을 갖추고 구체적으로 서술한다. 일반적으로 서론 - 본론 - 결론 순으로 작성한다.

[서론]

앞으로 전개할 부분을 소개하고 보고서의 내용이 개괄적으로 파악하도록 작성한다. 읽는 사람의 흥미를 일으킬만한 문구를 넣어 관심을 집중시킨다.

[본론]

서론에서 제기한 질문에 관한 주장을 다양한 경험적 증거자료(인터뷰, 조사, 통계 자료, 책, 논문 등)를 분석하고 결과를 제시하면서 논리적으로 타당성을 입증한다. 각 세부 주장의 첫머리 문장은 원인→결과의 순으로 주장을 진술한다. 간결하면서도 확연한 문장을 사용해야 하며, 가급적이면 부연 설명이 많지 않도록 유의한다.

[결론]

요약과 함의로 이루어진다. 요약은 본론에서 주장한 핵심 내용만 골라 간략히 진술함으로써 한 눈에 전체 내용을 알아볼 수 있도록 한다. 이때 이미 앞에서 전개한 직접적인 논리와 어휘를 반복하지 않으면서도 적절한 어휘를 구사하는 것이 중요하다. 함의란 함축된 결론이 내포하고 있는 의미를 언급하고 다음 질문을 제기한다. 전망을 제시하고 인상적인 문장으로 귀결하면 깔끔한 리포트 마무리를 할 수 있다.

Tip 논문 및 저서 인용 방법

- **일반 저서**

  저자가 있는 경우 : 저자, 제목, 출판사, 출판일, 페이지

  홍길동, 취업시장의 이해, ○○출판사, 2012.1.1, 20쪽

  저자가 단체인 경우 :

  취업협회, 홍길동 책임편집, "금융권 취업동향 1", ○○출판사, 2012.1.1, 20쪽

- **논문**

  저자, 제목, 논문이 게재된 책, 책의 호수, 출판년도, 페이지, (마침편)

  홍길동, '취업시장으로 살펴본 체감 청년 실업률', 노동경제학 제1집, 2012, 20~21쪽

- **글 안에서 여러 번 인용**

  바로 앞에서 인용한 책

  위의 책, 110P

  Ibid, 110p

  바로 앞보다 이전에 인용한 책

  앞의 책, 110p

  op. cit, 110p

03

때를 가리지 말고
독서하라

대학생들이 학교 도서관에서 책을 대출한 횟수가 연평균 1회에도 미치지 못하는 것으로 조사됐다. 한국교육개발원 교육통계 연보에 따르면 2011년 한 해 동안 대학생들이 학교 도서관에서 책을 대출한 전체 건수는 168만 5,490건으로 나타났다. 이는 2010년 220만 4,182건 대비 23.5퍼센트나 줄어든 것으로 2011년 등록 대학생 수가 206만 5,451명으로 나누면 대학생 한 명당 연간 0.8권의 책을 대출했다는 결과가 나온다.

대학생들이 학점과 외국어 점수 등의 외적인 스펙 쌓기에 치중하면서 책 읽기를 멀리하는 것도 저조한 독서량의 한 원인이 되고 있다. 책을 등한시하는 이유는 대부분 스펙에 도움이 되느냐 안 되느냐로 이어진다. 책은 아무리 많이 읽어도 이력서에 남길 수 없고 입사 지원서에 단 한 줄이라도 더 남길 수 있는 자격증과 어학 점수 등 눈에 보이는 것에 더 집중하게 된다.

최근 기업의 채용에도 변화의 바람이 불고 있다. 예를 들어 SC은행의 슈퍼챌린저코리아, 일자리119, SKT 소셜매니저(SNS) 채용 등의 오디션형 채용이 등장하였다.

또한, 인성의 기초가 되는 인문학적인 소양, 다양한 분야의 통섭을 강조하고 있는 상황이다. 최근에 일부 대기업과 국민은행 채용에서는 인문학이 등장했다. 가령 카이사르에 관한 책을 읽었다면 그의 상황 판단 능력이 자신의 인생에 어떤 영향을 끼쳤나를 적으면 된다는 것이다. 즉 책의 콘셉트를 잡아 자신이 가진 열정을 어떻게 투영시킬 것인지를 고민하라고 했다. 단순히 책 설명에만 그치는 것이 아니라 그 안에서 얻은 가치를 어떻게 기업 비전을 달성하는 데 접목하느냐가 관건이다. 국민은행의 채용 방식이 시사하는 바는 크다. 이제는 기업이 열린 인재, 통찰력을 가진 인재, 열정과 유연한 사고방식을 가지고 상황을 대처할 수 있는 인재를 원하는 것을 알 수 있다.

> 모든 위대한 책은 그 자체가 하나의 행동이며,
> 모든 위대한 행동은 그 자체가 한 권의 책이다. - 마르틴 루터

독서는 매우 유익한 점이 있다. 책을 통해 자기발견, 공부의 즐거움, 전문 지식, 간접 경험, 집중력 향상, 인간 관계, 휴식, 그리고 자아 성찰을 이룰 수 있다. 또한, 책에는 선인들의 많은 노하우가 집약되어 있다. 가령 저자가 책을 쓰기 위해 5년이라는 시간을 투자했다면, 독자는 책을 읽음으로써 5년에 걸쳐 투자한 경험과 노하우를 최적의 정보로 집약된 한 권의 책으로 경험할 수 있다.

중국의 대나무 이야기가 있다. 중국의 대나무는 독특한 성장 유형을 가지고 있다. 대나무 싹을 땅에 심으면 4~5년 동안 꾸준히 물과 거름을 주어도 성장하지 않는다. 하지만 5년이 지나는 순간 6주 만에 20~30cm로 자라나게 된다. 수년 동안 성장하지 않다가 폭발적으로 성장하는 대나무를 통해 책 읽기는 대나무와 공통점이 많다. 단순히 독서가 눈에 띄는 성장을 볼 수 없지만, 물과 거름을 주듯이 꾸준히 책을 읽는다면, 언젠가는 중국 대나무처럼 폭발적인 성장을 할 수 있는 지식과 교양을 지닌 밑거름이 된다.

독서광 나폴레옹은 전쟁에 나설 때 어김없이 마차에다 많은 책을 싣고 다니는 이동도서관을 운영했고, 세계적인 부호 미국의 빌 게이츠를 키운 건 동네 도서관이고, 인문학자적인 스티브 잡스의 바탕은 선禪 철학의 기반으로 한 애플의 제품에 미학 정신이 고스란히 담겨 있다.

대학 4년 동안 각 대학에서 선정한 대학생 필독 도서 100권을 읽도록 하자. 1, 2학년에 각 30권씩을 읽고 3, 4학년에는 각 20권의 독서 계획을 세우는 것이다. 독서의 분야는 동서양의 인문, 고전, 교양 분야 중심으로 읽도록 목록을 직접 만들어 보도록 한다. 주로 독서는 학기 중에는 시간적인 여유가 없으니 매월 한 두권씩 읽는 것이 바람직하다. 그리고 여름과 겨울 방학을 최대의 독서 시간으로 활용하도록 한다. 졸업할 때까지 100권을 독파하면 내면 세계가 한층 새롭게 숲 속의 큰나무처럼 성장했다고 느껴질 것이다.

효과적으로 읽으려면 반드시 글쓰기 훈련이 병행되어야 한다

전반적으로 대학생은 글쓰기에 대한 두려움이 있으며 특히 입사지원서나 자기소개서를 작성할 때 무엇을 적어야 할지 고민하게 된다. 책을 잘 읽지 않을 뿐 아니라 글 쓰는 습관이 없으면 한 문장을 작성하는데도 고민하며 명

확한 주제의 글을 작성하기 어렵다.

따라서 책을 효과적으로 읽기 위해선 반드시 글쓰기 훈련이 병행되어야 한다. 이것은 자신의 사고와 문장력을 키울 수 있는 최적의 방법이다. 이제부터라도 책을 읽고 나서 자기 생각이나 견해를 정리하는 습관을 들여야 한다. 책을 읽은 후에 간단한 내용 메모를 해두는 것이 좋다. 아무것도 적지 않으면 나중에는 읽은 책의 내용조차 생각나지 않는 경우가 있다. 책 읽기와 글쓰기 훈련을 꾸준히 한다면 어려운 리포트 작성이나 졸업 후 입사지원서 작성 등에 많은 도움이 될 것이다.

Tip 효과적인 독서법

집중력을 가지고 책을 읽자.

책은 무조건 많이 읽는다고 좋은 건 아니다. 한 권을 읽더라도 제대로 읽는 것이 중요하다. 올바른 독서습관을 가지기 위해선, 책을 보는 동안 집중해서 읽는 것이다.

도움이 되는 문장은 밑줄을 치자.

책을 읽다 보면, 좋은 내용이나 와 닿는 문구가 있다. 그러나 아무것도 표시하지 않은 채 책장을 넘기면, 그 순간 잊어버리고 만다. 도움이 되는 문장은 밑줄을 긋고 필요시 메모 사항을 적는다. 나중에 다시 한 번 책을 보게 되었을 때, 쉽게 기억에 떠오른다.

서평을 작성하자.

네이버와 같은 포털 사이트, 온라인 서점 등에는 자유롭게 서평을 남길 수 있는 곳이 있다. 서평을 남기고 나서 자신의 블로그에 포스트로 송고할 수 있다. 리뷰를 남기는 것은, 읽었던 책에 대한 기억을 되살려준다.

단지 책만 읽고 끝내는 것이 아니라 독서 후에 자신만의 생각을 꼭 작성하자. 예를 들어 '목표 설정의 중요성'에 관한 책을 읽었다면, 왜 자신에게 목표 설정이 중요한 것인지, 자신의 사례를 적용해 목표 설정을 하기 위해 앞으로 구체적인 방식으로 목표를 세우겠다고 결론을 내리는 것이다. 이 같은 방법을 반복하면 자신의 견해와 주장이 뚜렷해지고 문장에 설득력이 강해진다.

04

학점 관리
3.0이면 된다

도서관에서 날마다 많은 대학생이 높은 스펙을 쌓기 위해 학점에 많은 시간을 투자하고 있다. 높은 학점을 받지 못하면, 취업이 어려울 것 같은 불안 때문이다. 학교에 다니는 만큼은 매번 학점 스트레스에 빠진다. 그러다 보니 시험 기간이 되면 학점을 잘 받으려고 시험 족보를 구하거나 어려운 과목은 스터디를 하기도 한다. 어떤 학생은 A를 받지 못해 A를 받을 때까지 재수강하는 일도 있다. 시험이 끝나고도 학점은 좀처럼 포기하지 않는다. 때로는 자신이 생각한 학점보다 낮게 나오면, 담당 교수를 찾아가 학점을 올려달라고 항의도 하고 심지어 다른 수강생을 깎아내리면서 한 단계 높은 학점을 받아내려고 한다.

과연 이렇게 노력한 학점이 취업에서 차지하는 비중은 얼마나 될까? 학점의 실체를 알고 나면 여러분은 전처럼 학점에 시간을 들이지 않을 것이다. 이제 기업은 스펙과 같은 정형화된 채용 방식에서 탈피해 경제 변화에 따른 맞춤형 인력 채용을 원하고 있다. 높은 학점을 가진 사람이 기업에서 좋은 성과를 낸다는 보장이 없어서 특히 영어 점수나 학점 등의 스펙이 높은 사람보다는 업무와 관련된 실전 경험을 가진 사람을 선호한다.

한 예로 졸업을 앞둔 대학생 선우 씨는 취업을 준비하면서 고민에 빠졌다. 학점은 올 A학점으로 도배할 만큼 훌륭한 학교생활을 했지만, 취업에는 별다른 도움이 되지 않았다. 특히 자기소개서를 작성하면서 목표한 지원 분야에 입사하기 위한 경험과 노력을 적는 항목에서 애를 먹었다. 학교생활 말고는 다른 경험을 해본 경험이 없어 쓸 말이 없었기 때문이다. 목표 직무 분야조차 뚜렷하지 않다 보니 서류 전형에서 자신을 차별화할 수 없었고 계속되는 서류 광탈로 이어졌다. 그러나 선우 씨는 취업이 안 되는 이유를 자격증과 영어와 같은 다른 스펙 탓으로 돌렸다. 선우 씨는 영어학원과 필요한 자격증 학원을 등록했지만, 여전히 마음이 불안하다고 했다.

학점은 기본 요건만 충족하면 된다

물론 높은 학점을 받으려는 이유 중의 하나가 장학금을 타기 위한 점도 있지만 높은 학점을 받는다 해도 취업이 보장되지 않는다. 학점은 취업하기 위한 도구일 뿐 높은 취업의 장벽에 절대적인 영향을 끼치지 않는다. 따라서 학점은 기업에서 원하는 요구 수준만 넘으면 된다. 보통 3.0이 전형 기준인데 이 기준만 넘으면 된다. 학점이나 스펙을 높이는 데 주력하기보다는 자신이 경험한 아르바이트, 인턴, 사회경험 등의 직무와 관련 있는 사항을 적극적으로 배우고 알릴 필요가 있다.

학점에 시간투자 하지 않기

누구나 C 학점을 받으면 기분이 언짢다. 어느 학생은 졸업 전에 C 학점을 A 학점으로 바꾸려고 재수강과목을 끼워 넣는다. 재수강 제도는 학점을 한

단계 업그레이드한다는 취지가 있으나 실제로는 시간 낭비일 뿐이다. C 학점을 A로 바꾼다 해도 서류 전형에 크게 영향력을 끼치지 않는다.

한 학기에 한 과목을 수강하는 데 투자되는 시간은 1일 3시간 ×15주 = 총 45시간이다. 게다가 중간고사와 기말고사 준비 시간까지 포함한다면 결코 적은 시간이 아니다. 차라리 재수강을 할 시간에 대학생활에서 의미 있는 자원 봉사나 경험을 하는 편이 낫다.

이제부터라도 전공이나 교양 과목의 A+ 학점을 받아야 한다는 압박에서 벗어나자. 학점이 앞으로 여러분의 진로를 좌지우지할 만큼 영향력을 가진 시대는 지났다. 졸업 후 목표로 하는 기업에서 필요로 하는 인재가 되기 위한 다른 요건을 갖추는 것이 더 바람직하다. 그리고 자신을 성찰하는 시간이 필요하다. 앞으로 무슨 일을 하고 싶은지 충분히 검토하는 것 또한 중요한 일이다. 대학생 때의 이러한 고민과 노력은 졸업 후에 올바른 진로 선택과 성공적인 취업을 위한 밑거름이 될 것이다.

05

효율적인
방학생활

매 학기를 평가하는 기말고사가 끝나면 종강과 동시에 즐거운 방학이 시작된다. 기말 고사로 지쳐 있던 마음과 체력을 회복시키고, 방학 동안에 할 일을 미리 생각하고 계획해야 한다. 대학교 방학은 약 3개월이 안 되는 긴 기간이다. 긴 것 같지만, 막상 시간을 제대로 활용하지 못하면 순식간에 지나가는 것이 방학이다. 실행 가능한 계획을 세우지 않고 보낸다면 의미 없는 시간이 된다.

예전에 방학을 앞두고 들떠 있는 후배들에게 무엇을 할 것인지를 물었다. 후배들의 대답은 각양각색이었다. 대체적으로 국내여행, 외국여행, 아르바이트, 어학 학습, 자격증 준비, 학교 임원회 활동 등이었다. 지방대에 다니는 어느 후배는 방학을 맞아 서울로 올라왔지만, 교내의 임원 활동 때문에 다시 지방에 내려가야 한다며 울상을 짓기도 했다. 그 외에는 다른 계획이 없이 긴 방학을 보냈다.

지난해 인크루트에서 대학생 253명을 대상으로 '대학생 여름방학 계획'

에 대한 설문조사를 한 결과, 자격증 취득과 어학 관련 학습이(55.7%)로 상위권을 차지했다. 이어 아르바이트(24.5%)와 취업 관련 교육이나 취업캠프 등 프로그램 참가(20.9%) 및 기업 인턴십 참여(19.4%)로 응답했다. 대부분 취업을 위한 활동의 한계를 벗어나지 못한 현실을 보여준다. 그렇다면 방학을 알차게 보내기 위해서는 어떻게 하는 것이 좋을까?

어떻게 효율적인 방학을 보낼 것인가?

첫째, 남들과 똑같이 계획을 세울 필요는 없다.

방학 전에 학교 게시판에는 '대학생 여름방학 할인'이라는 문구가 쓰인, 영어나 컴퓨터 자격증과 관련된 포스터로 도배되어 있다. 누군가가 수강을 하면 자신도 덩달아 해야 할 것 같다는 생각을 하게 된다. 그렇게 해서 시작한 영어학원, 결과는 어땠는가? 대부분 영어 점수는 고전을 면치 못했을 확률이 높다. 목표도 없이 남들이 하는 대로 하면 좋은 결과가 나올 리 없다. 여름방학은 자신의 상황과 환경에 맞는 계획을 세우는 것이 중요하다.

둘째, '나를 찾는 활동'을 하자.

현재 졸업반이라면 취업 활동이 아닌 다른 활동을 선택하는 것은 어려울 수 있다. 그러나 아직 자신의 진로를 찾지 못해 고민 중인 신입생이나 저학년은 방학이라는 시간이 나를 찾는 기회가 될 수 있다. 예를 들어, 동아리나 대외 활동을 손꼽을 수 있는데, 학기 중에 많은 과제와 시험 준비로 시간을 할애하기 어려웠다면 방학 기간을 활용하는 것이 효과적이다. 평소에 자신이 관심을 가지거나 좋아하는 활동을 하다 보면 발견하지 못했던 적성이나 새로운 흥미도 찾을 수 있고 활동 과정을 통해 나름대로 보람과 즐거움을 느낄 수도 있다.

셋째, 최고가 아니라 오운리 원^{only one}이 되자.

대부분이 서류 전형에서 공인 어학 점수나 해당 자격증으로 인정을 받기 원한다. 남들과 경쟁에서 이길 수 있는 것은 오로지 스펙이라고 생각한다. 그러다 보니 스펙을 위해 많은 시간을 할애하게 된다. 국내외의 기업 채용 환경은 국제 정치, 경제 상황 등에 따라 빠르게 변화하고 있다. 이제는 인성과 적성에 초점을 맞추어야 한다. 남들과 똑같은 준비를 하는 것이 아니라 생존경쟁을 위해 개인의 독창적인 브랜드 전략을 세워야 한다.

그러기 위해서는 최고를 지향하는 것이 아니라 오운리 원이 되어야 한다. 즉, 지원 직무의 전문성을 살릴 수 있는 역량을 갖추도록 해야 한다. 현실적으로 학교를 벗어나지 않고는 경험을 통한 역량을 갖추기가 어렵다. 여름방학과 겨울방학을 직무 역량을 갖추기 위한 시간으로 적극 활용하도록 하자. 한 걸음씩 조금씩 관련 분야의 경험을 계속 축적해 나간다면 나중에 큰 자산이 된다. 포트폴리오처럼 준비하였다가 졸업 후에 적성에 맞는 기업에 지원하는 데 사용하면 많은 힘이 될 것이다.

Tip 방학을 보람차게 보내는 방법

■ **나를 찾는 활동은 무엇이 있을까?**

베낭을 메고 여행 떠나기

대학생의 특권 중 빼놓을 수 없는 것은 방학이다. 아직 진로가 임박한 경우가 아니라면, 혼자서 또는 친구들과 함께 미리 계획을 세워 국내나 해외여행을 하도록 한다. 나는 국토 순례를 할 수 있는 자전거 여행을 추천한다. 여행을 통해 다양한 사람을 만나고, 현지 문화를 경험하면서 삶의 동기를 부여하게 된다. 또 여행은 휴식뿐 아니라 새로운 생각과 세상을 다르게 보는 전환점을 주는 기회를 제공하기도 한다. 여행의 기회가 많이 주어지는 것은 아니다. 조금은 시간을 내기가 어렵고 비용이 부족하더라도 그에 맞는 여행지를 선택하여 떠날 수 있을 때 가벼운 마음으로 떠나라.

취업 도움을 받고 싶다면, 교내 있는 취업지원센터를 활용하는 것이 유리하다. 학교 별로 운영 프로그램의 차이가 있겠지만 심리검사, 진로상담, 취업정보 제공 등 다양한 지원프로그램을 제공하기도 한다. 따라서 1, 2학년 때에는 진로, 적성 검사를 받아 보는 것이 좋다. 한편 기업이나 공공기관에서는 학교 취업지원센터를 통해 지원자를 의뢰하는 편이다. 방학기간에 운영되는 직장체험 프로그램이나 기타 활동이 없는지 자주 확인하고 상담해보자.

■ 나만의 스토리를 만들어라

대외 활동

학기 중에 하지 못했던 대외 활동을 경험해보자. 대외 활동은 직무와 연관성이 깊은 분야로 하는 것이 유리하다. 그러나 아직 진로가 결정되지 않은 상태라면, 대외 활동을 하면서 자신이 느끼는 흥미와 적성을 발견하는 데 초점을 두어야 한다.

희망 지원 분야와 관련된 직무 경험(인턴, 아르바이트)

최근 채용 동향은 스펙보다는 업무 경험을 확인한다. 때로는 지원 분야의 관련 경험이 채용 당락을 가르는 기준이 될 수 있다. 희망하는 지원 분야가 있다면, 그와 관련된 아르바이트나 인턴을 하도록 하자. 자신의 적성과 진로를 고려한 직무 경험은 입사지원 시 유리하게 작용한다. 또한, 직무 경험을 통해 자신의 적성을 테스트해 볼 기회가 된다.

동아리 활동, 공모전 참가하기

학교, 기업 및 공공기관 등에서 주최하는 다양한 공모전이 많다. 전문 분야의 공모전을 위해, 방학 내내 개인 또는 학우들과 팀을 구성하여 정보를 교환하고 동아리 활동 등을 하면서 준비한다. 공모전에서 수상하면 좋겠지만, 수상 여부와 관계없이 관심 분야에 도전하는 것은 좋은 경험이 된다. 한 번으로 끝나지 말고 같은 분야에 계속 준비하라. 그 과정에서 느꼈던 점들이 자신만의 스토리가 될 것이다.

복수전공 효과적으로
활용하는 방법

최근 5년 사이 복수·이중 전공자가 크게 늘었다. 인크루트가 자사에 등록된 입사지원서를 분석한 결과, 복수·이중 전공자는 2006년 등록된 대졸자의 3.9퍼센트에 불과했으나 지난해에는 21퍼센트로 껑충 뛰었다. 졸업생 다섯 명 중 한 명은 복수·이중 전공을 한 셈이다. 이 중에 가장 인기 있는 학과는 상경(38.3퍼센트)계열로, 졸업 후에 조금이라도 유리한 특정 과에 복수·이중 전공이 몰리고 있다.

다음 사례는 직업 적성과 취업에 대하여 고민하고 있는 식품영양학과 김○○학생의 사례다.

2학년 식품영양학과 전공 / 경영학과 복수전공 (2008년 07학번)

"취업이 잘되는 학과라고 부모님께서 권유하셔서 진학을 결정하게 되었는데요, 입학하고 나서 1년 정도 공부했지만 별로 적성에 맞지 않았어요. 영양사 쪽은 솔직히 관심도 없고요. 하지만 졸업 후에 취업해야 해서, 경영학과로 복수전공을 신청하게 되었어요. 식품영양학 전공학점 56학점, 복수전공 56학점, 그 외 교양 과목들을 이수하려면 제때 졸업하기 어렵잖아요. 계절학기도 신청한 상태이고, 경영학과 과목들은 인기가 많아서 수강 신청을 하는 게 하늘의 별 따기만큼 어렵네요.”

사회 현상을 반영하듯 대학에서는 취업이 잘되는 학과로 복수전공을 신청하는 사례가 꾸준히 증가하고 있다. 취업 폭이 좁거나 실용성이 떨어지는 학문은 구직이라는 현실적인 문제를 고려할 수밖에 없다는 것이다. 하지만 자신의 전공뿐만 아니라 복수전공도 수강하다 보니 시간도 상당히 벅차다. 전공 학점 가까이 학점을 채우려면 남들보다 두 배로 노력해야 한다.

그러다 보니 시험 기간만 되면, 전공 공부는 뒷전이고 복수전공에 매달리게 될 수밖에 없는 상황이 발생한다. 심지어 학기의 2/3 이상을 복수전공으로 채워서 수업을 듣기도 한다. 안타까운 것은 이러한 노력을 함에도 복수전공학과 수업을 들을 때 상대적인 박탈감을 느낄 수 있다.

경영학과나 경제학과와 같은 인기학과는 수강 인원이 많아지면 1순위로 전공생 위주로 수강 신청을 받는다. 심지어 전공생 분반과 복수전공생 분반이 별도로 나뉘어 있을 정도다. 학과 측면에서 보면, 복수전공생은 떠밀 수밖에 없는 골칫거리와 같은 존재이다. 그럼에도 전공 수업을 포기하면서까지 복수전공 학점을 채우기 위해 해당 과목을 신청한다.

복수전공 과열 신청은 수강생으로 하여금 충실하지 못한 수업을 듣게 한다. 예를 들어, 회계과목을 처음 듣는 수강생이라면 회계원리 수업부터 들어야 하는데, 세무회계 수업부터 듣는 꼴이다. 수업을 듣긴 해도 따로 시간을 내어 기초이론을 공부해야 한다. 결국, 복수전공을 따라가기도 어렵고, 전공 수업조차 환영받지 못하는 이도 저도 아닌 상황에 내몰린다.

자신의 관심과 적성을 구분해 보자

김○○ 학생과 상담을 진행하면서 느꼈던 것은 자신의 미래를 충분히 고려하지 않고 복수전공을 선택했다는 점이다. 김○○의 고민은 경영학을 이수했을 때 어떤 분야로 진출할 수 있을지 잘 모른다고 말했다. 목표 없는 공부를 하는 것이나 다름없었다. 자신이 아무리 열심히 노력했다 하더라도, 목표가 뚜렷하지 않으면, 결과 또한 좋을 리가 없다.

복수전공을 선택할 때, 주변 친구나 타인의 이야기와 같은 한정된 정보를 가지고 선택해서는 안 된다. 반드시 자신의 관심 분야와 적성을 고려해야 한다. 해당 전공에 관한 관심과 적성을 구분하는 이유는 자신이 단순한 흥미인지, 취업의 가능성을 위해 선택하는 것인지, 자신이 잘할 수 있는 능력인지를 구분하기 위해서이다.

원치 않는 학과의 복수전공은 피하라

전공이 자신의 적성에 맞지 않아 복수전공을 선택하는 경우라면, 철저한 계획과 노력이 필요하다. 복수전공을 이수하기는 쉽지 않다. 복수전공에 필요한 요구 조건을 맞추어야 하는 동시에 취업 준비까지 하려면 학업 부담이 상당히 커지기 때문이다. 처음에는 다 해낼 수 있을 것 같지만, 현실은 그렇지 않다는 것을 명심해야 한다. 복수전공을 이수하는 대학생 중 일부는 주객이 전도되는 경우도 종종 있다. 정작 전공은 제쳐 둔 채 복수전공을 이수하기에 급급해 놓치는 것이 많아진다는 점이다. 복수전공 이수로 인해 각종 활동을 할 겨를이 없는 만큼, 자신에게 유리한 점과 불리한 점을 잘 비교해 보자. 만일 복수전공 선택을 결심했다면, 최소 남들보다 2배 이상 노력한다는 마음가짐으로 해야 한다.

　복수전공을 잘못 선택하면, 시간만 낭비하고 위 사례와 같은 상황이 올 수 있다. 하지만 목표하고 있는 분야에 관련성이 있거나 적성에 맞는 복수전공을 이수한다면, 취업과 진로에 시너지 효과를 일으킬 수 있다. 예를 들어 영어영문학과 학생이 무역회사의 사무직으로 취업한다고 했을 때, 복수전공을 경영학이나 경제학과를 선택한다면 무역에 필요한 업무를 하는 데 큰 도움이 될 것이다.

　취업만을 목적으로 막연하게 복수전공을 선택하는 것은 바람직하지 않다. 선택 시에는 혼자 결정할 것이 아니라 먼저 시작한 선배들의 경험담이나 조언을 얻는 것이 필요하다. 그리고 자신이 잘할 수 있고, 전공이나 적성에 시너지 효과를 일으킬 수 있는 전공을 선택하는 것이 중요하다.

Tip 복수전공, 효과적으로 활용하는 방법

■ **복수전공 신청 시기**

복수전공 신청

보통 2~3학년에 선발한다. 어떤 학교는 졸업 전에만 복수전공을 신청하면 이수할 수 있도록 하는 학교도 있다. 학교마다 복수전공 신청 시기가 다르므로 학교 홈페이지의 공지사항을 수시로 확인하여, 시기를 놓치는 일이 없도록 한다.

복수전공 선발 방법

각 학교마다 차이가 있다. 신청만 하면 통과가 되는 학교가 있지만, 경쟁이 치열한 학교는 시험이나 면접을 통과해야 복수전공을 이수할 기회가 주어진다. 시험이나 면접이 치러지는 경우 합격이 수월하지 않으므로 한 번에 합격하기 어려울 수도 있다. 복수전공에 합격한 사람이나 선배를 통해 주요 정보를 얻고, 사전에 철저하게 준비하자.

■ 복수전공 똑똑하게 활용하기

빼놓을 수 없는 진리 '적성'

흥미도 없이, 취업이 잘된다거나 남이 좋다고 해서 신청하는 것은 금물이다. 그런데도 학벌의 열등감을 전과를 통해 치유하겠다고 복수전공을 신청하는 이들이 적지 않은 현실이다. 왜 이렇게 복수전공으로 황금 같은 시간을 허비하려고 할까? 차라리 그럴 바에는 하지 않는 편이 오히려 좋을 것이다. 복수전공을 신청하기 전에 충분히 자신에 대해 탐색하고, 적성에 맞는 분야로 선택하도록 하자.

지원 분야와 연관성을 고려한 선택

복수전공을 함으로써 진로의 폭을 넓히고 싶다면, 자신이 지원하고자 하는 분야와 연관성이 있는지 고려한 다음 선택하도록 하자. 아직 지원 분야가 정해져 있지 않다면, 대략 어떤 업무를 하고 싶은지 정도만이라도 진로 방향을 결정하는 것이 좋다.

복수전공 이수 계획을 세우자.

위 사례처럼 전공과 복수전공을 동시에 이수하기는 쉽지 않다. 복수전공을 하기로 했다면, 매 학기별로 이수해야 하는 학점 취득 계획을 세우자. 수강 과목 중 한 학기에만 개설되는 과목도 있어, 해당 학기에 개설되는 유무를 반드시 확인해야 한다.

07

아르바이트라는
스펙의 함정

아르바이트는 많이 했는데, 자기소개서에 쓸 말이 없다

아마 대학생이라면 한 번쯤 아르바이트를 한 경험이 있을 것이다. 대체로 대학생들이 아르바이트로 쉽게 선택할 수 있는 업종은 서비스업으로 한정된 편이다. 주로 서비스 업종은 택배, 음식점, 호프집, PC방, 편의점 등이다. 이들 업종은 평일 야간이나 주말이 호황이기 때문에, 학업을 마치고 늦은 저녁부터 새벽까지 일해야 하거나 주말에 일하는 경우가 많다. 아르바이트하면서 학업을 병행하기가 쉬운 일은 아니며 슈퍼맨이 아닌 이상, 체력적으로 피로하다 보니 제대로 학교 생활과 공부를 한다는 것은 무리가 따른다.

아르바이트는 필요한 용돈과 학비를 벌기 위한 수단이면서, 경험은 자산이 된다고 생각하기 쉽지만 실제로는 그렇지 않다. 왜냐하면, 대학 졸업장과 아르바이트 경험만으로는 취업 장벽의 문을 뚫기가 어렵다. 예를 들어 마케팅 부서에 지원한다고 했을 때, 자기소개서 항목 중 학창시절 및 경력사항에 전문 음식점에서 일한 경험은 아무런 해당사항이 되지 않는다.

의미 없는 아르바이트를 줄여라

요즘 대학은 1학년부터 그야말로 취업 전쟁이다. 치열한 경쟁에 살아남기 위해서는, 지금의 학우가 내일의 입사 경쟁 상대가 될 수 있다. 학점 관리와 아르바이트를 동시에 할 수 있는 청춘 슈퍼맨은 거의 없을 것이다. 하지만 아르바이트라는 기회비용에서 선택해야 하는 상황에 놓일 수 있다.

아르바이트가 자신이 하고 싶은 분야이거나 전공과 관련된 분야라면 하는 것이 좋다. 단, 의미 없는 다양한 아르바이트 경력을 늘리지 말자. 그 시간에 전공 공부를 하거나 부족한 부분을 위해 시간을 활용하여야 한다. 아르바이트를 하려면 먼저 아르바이트 선택하는 기준을 정하는 것이 좋다. 앞으로 입사 지원할 분야의 직무와의 연계성, 근무 시간, 집과의 출퇴근, 보수 등을 고려하도록 한다.

'전공이 생소하고, 직업으로 찾기 어려워, 딱히 할 만한 아르바이트가 없는데요?' 전공과 관련된 아르바이트나 경험 거리를 찾기 어렵다고 불평하는 사람들도 있을 수 있다. 굳이 가까운 곳에서 정보를 얻자면, 같은 과 선배나 동기를 통해 하나씩 경험을 넓혀 가는 것도 좋다. 궁금하다면 적극성을 가지고 만나서 물어보자. 자신의 강한 의지를 보여준다면 이런 부탁을 거절할 선배나 동기는 없을 것이다.

이제는 아르바이트도 차별화해야 한다. 시간은 누구에게나 똑같이 주어진다. 하지만 얼마만큼 효과적으로 사용하고 활용할 수 있는지에 따라 나중의 결과는 달라진다. 남들과 다른 접근 방식을 가지고 열린 사고가 필요하다. 이력에 의미가 없는 단순한 아르바이트보다는 자신이 지원하고자 하는 분야에 관련되고 확실히 보여줄 수 있는 활동과 경험을 선택하도록 하라.

■ 돈보다는 경험이 중요

원하는 직무 분야의 아르바이트

자신이 목표하고 있는 직무 분야의 아르바이트를 할 수 있는 기회가 주어지면, 주저 없이 선택하자. 그것이 금전적으로 다른 일에 비해 훨씬 못 미치더라도 대학생 때 할 수 있는 경험은 돈 주고도 못사는 것들이다. 예를 들어 유통 및 영업 분야의 취업을 원하는 학생이라고 하자. 유통과 영업 분야와 관계된 경험과 아르바이트는 무엇이 있을까? 판매직, 외식업, 물류 아르바이트 등이 있다. 이 같은 아르바이트는 단기나 수시로 뽑기도 한다.

도움이 안 되는 아르바이트는 과감히 그만두자

주위에 가끔씩 아르바이트에 지나치게 시간을 쏟는 사람이 있다. 그런데 이게 아무런 경험과 의미 없이 돈을 위해서 하고 있다면, 더 이상 여기에 시간을 허비하는 것은 그만두어야 한다. 차라리 그 시간에 자격증 취득 관련 공부를 열심히 하거나 좋아하는 모임이나 동아리에 가입해서 팀원과 의미 있는 활동을 하는 것이 더 좋을 것이다.

사회 경험이 없다면 일단 시도하자

취업상담을 하다 보면 자기소개서에 쓸 말이 없다는 사람이 있다. 대학생활 때 아르바이트와 같은 경험을 하지 않은 사람이다. 대학생활을 공부만으로 보낸 사람은 자신만의 스토리를 만들기 어렵다. 지금부터라도 경험을 쌓을 수 있는 일을 찾도록 하자. 만일 직무와 관련성이 있는 분야가 아니더라도 아무런 사회 경험을 하지 않은 사람보다 나을 것이다.

■ 이것만은 꼭 기억하자

의심되는 아르바이트는 피하기

구인 사이트에 단시간에 많은 돈을 벌 수 있다는 호기심을 자극하는 광고가 흔히 있다. 이런 경우엔 제대로 된 회사가 아니며, 다단계이거나 불법 판매 업종의 가능성이 높다. 대학생을 이용하려는 다양한 불법 아르바이트도 기승을 부리고 있다. 사전에 제대로 된 회사인지 알아보고 선택해야 한다(예: 고수익 아르바이트, 재택근무, 밤일 아르바이트 등).

■ 아르바이트 구하기

교내 게시판이나 홈페이지 공지를 확인하자.

교내 게시판이나 취업지원센터에 아르바이트를 구인 공고가 붙어 있는 것을 본 적이 있을
것이다. 학교 게시판을 유심히 살펴보자. 그 중 회사에서 구하는 단기 인턴, 학원, 과외, 교
내 아르바이트 등 종류가 다양하다. 학교를 통해서 구하는 아르바이트는 훨씬 안전하고,
믿을 수 있다.

시청이나 관공서에서 미리 지원한다.

방학기간에는 시청이나 관공서에서 대학생을 대상으로 아르바이트를 뽑는다. 선발방식은
관할 구청에 거주하고 있는 지원자 중에 저소득층 위주로 선발한다. 관공서는 경쟁률이 높
아 선발 확률이 낮은 편이다. 그래도 진로를 공무원으로 계획하고 있다면 기회가 될 때마
다 관공서 아르바이트를 계속 지원하도록 하자. 근무를 하면서 여러 가지 사무적인 업무
처리와 상사를 대하는 예의 등을 배울 수 있다.

지인을 통해 사전에 부탁한다.

학교 선배나 지인을 통하여 얻는다. 특히 과외 같은 경우는 지인으로 연결된다. 과외를 하
도록 도와줄 만한 관련 학원이나 선후배가 있다면 사전에 경력을 알려주고 적극 부탁한다.
당장은 아니더라도 계속 연락을 하고 지내다 보면 인원 충원시 또는 빈 자리가 발생하면
먼저 자신에게 연락이 오도록 한다.

공공기관 및 기업의 서포터즈 활동

최근에는 공공기관이나 기업에서 대학생 대상으로 기자단과 서포터즈를 선발하고 있다.
선발되면 주어진 업무를 수행하면서, 매월 고정적인 수입을 벌 수 있다. 장점은 할애하는
시간이 다른 아르바이트에 비해 상대적으로 적고, 시간을 계획적으로 활용하기가 좋다. 또
한 대외 활동 경험을 하면서 전문적인 감각이나 요령 등을 터득할 수 있다.

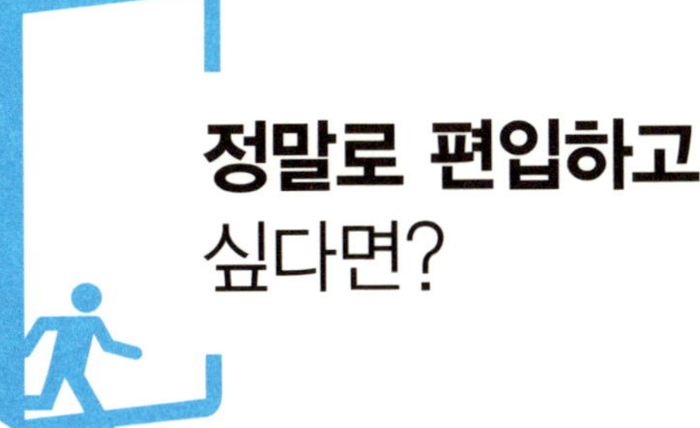

08

정말로 편입하고
싶다면?

어느 취업 포털 사이트에서 2011년 상반기에 언론에 배포한 보도 자료를 보면, 대학생 863명을 대상으로 재학 중인 대학에 진학 후회 여부를 조사한 결과, 76.2퍼센트가 '예'라고 답했다. 학력별로 살펴보면 '4년제 대학생'의 76.7퍼센트, '2, 3년제 대학생'의 74.1퍼센트가 후회하고 있었다.

대학 진학을 후회하는 이유로는, '원하지 않는 대학(36퍼센트)', '취업이 잘되지 않아서(35.9퍼센트)'라고 응답했다. 많은 수험생이 입학 전 대학을 선택할 때, 자신이 원하는 학과나 적성보다는 자신의 점수에 맞는 대학에 지원한다. 목표한 대학에 입학하지 못하면, 학교에 불만족할 뿐만 아니라 대학 생활을 하는 데 어려움으로 학과에서 활동 자체를 하지 않거나, 입학하면서부터 재수나 편입을 고려하게 된다.

하지만 학교에 다니며 재수나 편입을 준비하는 것은 결단해야 하는 중요한 일이다. 특히, 편입을 준비하는 경우라면 철저한 학점 관리가 필요하기 때문이다. 또한, 편입에 필요한 영어와 전공 과목을 동시에 공부해야 하므로 생각보다 여유가 없다. 보통 편입을 준비하는 대학생은 2년을 마치고 1년 휴학계를 낸 뒤 편입학원에 다니는 경우가 많다. 다음은 편입 성공 사례와 실패 사례이다.

왜 편입하려 하는가?

3년제 유아교육학과 졸업 예정인 은주 학생은 고민에 빠졌다. 원래의 꿈은 보육 교사나 유치원 교사가 되어 어린이집이나 유치원에서 근무하는 것이었지만, 졸업 전 어린이집에서 현장 실습을 하면서 마음이 바뀌었다. 잦은 야근과 적은 월급이 앞으로 자신이 감당하기에는 힘들 것으로 예상하였다. 또한, 어릴 때 대수술을 받아서, 건강상의 이유만으로도 오랜 시간 일하는 것은 피해야 했다. 좋아서 시작한 유아교육학이 진로를 변경하게 되면서 사실상 쓸모가 없어지게 된 것이다.

은주는 유아교육학을 접고, 다른 분야를 선택하기 위해 편입을 하기로 했지만 너무 막연했다. 졸업하고 나서 최소 1년 이상은 편입 공부에 시간을 할애해야 하는데, 경제적인 여건 때문에 취업을 안 할 수도 없었다. 대학 입학 전 건강 문제로 유아교육학과 진학을 반대하셨던 부모님의 말이 생각나서 후회되었다. 부모님은 편입을 지원해 주시겠다고 하셨지만, 부모님께 죄송한 마음이 가득했다. 은주는 편입 공부를 시작하려 하고 있지만, 구체적인 학과나 진로를 정하지 못해 상담을 요청하였다. 구체적인 계획과 목표가 없으므로 당연히 편입에 성공하는 것은 무리였다. 몇 개월간 제대로 된 편입 공부를 하지 못한 은주는 결국 편입에 실패했다.

다른 사례를 살펴보자. 수도권 소재의 4년제 대학에 다니고 있던 창교는 학교생활 내내 장학금을 놓치지 않고 받아 왔다. 하지만 학창시절부터 목표한 대학을 가지 못했다는 아쉬움이 항상 남아 있었다. 편입하고 싶었지만 군대 문제가 걸렸다. 그러다 1학년을 마치고 입대하게 되었다. 창교는 군대에서 2년의 세월을 어떻게 보낼까 고민했다. 사실 군대에서 공부하는 것이 쉽지 않았지만, 틈틈이 영어 공부를 했을 뿐만 아니라 매일 꾸준히 시간 관리를 하고 미래 계획을 세웠다. 군대에서 제대한 후 학교에 복학하게 되었는데, 복학생으로는 드물게도 장학금을 받으면서 편입 준비를 했다. 노력 끝에 결국 수도권의 명문대학에, 그것도 자신이 원하는 과에 편입하게 되었고, 현재는 만족하면서 학교에 다니고 있다.

두 사례는 목표와 의지가 얼마나 중요한지 여실히 보여 준다. 창교는 편입에 대한 확고한 목표가 있었지만, 은주는 고민만 하다 시간만 보낸 것이다. 편입이라는 문제를 신중하게 검토해야 하고 목표를 둔다면 구체적인 학교와 학과를 계획하여 집중적으로 준비해야 한다.

먼저 학과 탐색이 필요하다

편입을 준비할 때, 우선으로 학교 인지도를 고려하게 된다. '좋은 대학 = 좋은 회사 취업'이라는 인식 때문이다. 좋은 학교에 다니면 취업에 유리한 측면도 있겠지만, 반드시 그러한 것은 아니다. 남들이 보기에 명문 대학을 나와도 취업 준비를 철저히 하지 않으면 후회하게 된다. 편입을 결심했다면, 자신의 적성에 맞는 학과나 선호하는 전공을 충분히 탐색한 후에 학교를 선택해야 한다. 전공 선택은 공부할 의욕과 진로에 직결되는 중요한 문제다.

편입에 대한 이유를 분명히 하자

단순히 학교 졸업장을 바꾸기 위해서 선택한 편입은 결코 성공할 수 없다. 편입의 문 역시 좁고 경쟁률은 치열하다. 특히 일반 편입은 학사 편입과 비교하면 평균 경쟁률이 50:1이 넘는다. 특히 인기 학과일수록 두드러진 현상이 나타난다. 편입이라는 좁은 문을 통과하기 위해서는 각 대학별 모집요강 정보를 정확히 알아야 하며 철저한 준비가 필요하다. 편입은 학사편입과 일반편입으로 나뉜다. 차이점은 일반편입은 정원 내에서 인원을 선발하며 학사편입은 정원 외에 선발하며 4년제 대학 졸업(예정)자가 해당한다. 일부 학교는 영어뿐만 아니라 전공 시험도 치른다. 그러므로 기본적으로 전공에 대한 이해는 필수다. 편입에 성공하기 위해서는 편입을 하려는 이유가 분명해야 한다. 아래의 표는 자신의 현재 상황을 토대로 작성하는 편입 목표관리 시트지다. 시트지를 작성함으로써 편입의 동기와 준비하는 이유를 좀 더 분명하게 만들어 준다.

편입 목표관리 시트지

현 소속된 학교의 장단점	장점 :		
	단점 :		
현 소속된 학과의 장단점	장점 :		
	단점 :		
하고 싶은 일(직업), 목표	1순위 :	2순위 :	3순위 :
편입을 결심하게 된 이유			
편입을 해야 하는 이유 (3가지)			
편입하고 싶은 학과	1순위 :	2순위 :	3순위 :
편입하고 싶은 학과가 있는 학교 (가고 싶은 학교 순서로 1~3위 작성)			

편입을 위한 준비	편입 준비시점	20XX년 월 ~
	편입 준비기간	예) 2013년 월 ~ 년 월(년 개월)
	편입 준비방법	편입학원, 독학, 인터넷 강의, 기타
	편입 목표시기	예) 2015년 3월
편입 실패 시 대안		편입 재시도(최대 편입 준비 기간 :2000년 0월) 기존학교 졸업(졸업시기 : 2000년 0월 졸업 예정) 학과 변경(전과, 복수전공 부전공, 해당 없음) 어학연수 기타 ( )

내가 무엇을 잘할 수 있을까?

경제협력개발기구(OECD)회원국 가운데 대학진학률 83퍼센트를 자랑하는 우리나라의 교육열은 매우 뜨겁다. 하지만 정작 대학생들은 앞으로 무엇을 잘할 수 있을지에 대해 의문스러운 모습이다. 대입에서 일단 수능 점수에 맞춰 대학교를 지원하고 전공은 이후에 결정하게 된다. 잘못된 전공 선택으로 인해 결국은 졸업 전까지도 진로를 결정하지 못한 이유로 시간을 허비하다 보면 취업까지 미루게 되는 결과가 나타난다. 자신이 무엇을 잘할 수 있고, 어떤 것을 원하는지 모르는 상태에서 구직 활동은 무의미할 뿐이다.

편입 또한 마찬가지다. 현재 확실한 진로와 목표가 없다면, 편입 실패 후 어떻게 할 것인가를 미리 대안을 세우거나 마음의 확고한 준비가 필요하다. 편입을 준비하는 동시에 자신의 미래 진로까지 예측하기는 쉽지 않다. 하지만 끊임없이 자신에 대한 가능성과 방향에 대해 점검한다면, 이런 시간은 미래에 충분히 보상받을 수 있을 것이다.

09

적성에 맞는
학과를 선택하라

많은 수험생이 대학 입학 시즌이 다가오면 어떤 학과를 선택해야 할지 고민한다. 대다수는 자신의 적성과 관계없이 대학교 인지도나 인기학과, 유망학과를 고려하여 선택한다. 자신의 적성을 전혀 고려하지 않고 취업이 잘되는 인기학과에 합격했다고 하더라도 대학에 입학하고 그 다음이 문제다. 학과에 대한 충분한 탐색이 없는 상태이므로 자신이 생각했던 것과 다르거나 흥미를 느끼지 못해 학업의 의욕을 상실하게 된다.

심각한 경우에는 학교를 그만두거나 다시 입시 준비를 하기도 하는데, 이처럼 자신의 적성을 고려하지 않고 인기학과와 대학교 간판만 좇다가는 진로의 결정과 미래를 설계하는 데 시간과 열정을 낭비할 수 있다.

적성과 진로를 고려한 학과 선택이 필수

캠퍼스에서 누려야 할 낭만은 사라지고 청춘들의 진로와 불안한 미래에 대한 준비가 끝없이 지속된다. 인생의 진로나 목표는 원래 자신이 생각했던 방향과 다른 흥미를 찾게 될 수도 있다. 따라서 자신의 진로와 미래를 결정하는 데에 당장의 학과 공부와 어학 점수 올리기보다는 충분한 자기 탐색(자기 이해, 성격, 흥미)이 필요하다. 현재의 나를 바로 보고 파악해야 하는 것이다. 예를 들어 대표적인 진로적성검사인 홀랜드의 직업흥미 유형별로 본다면 자신이 실재형, 탐구형, 예술형, 사회형, 기업형, 관습형 중에 어느 유형에 속하지는 생각을 해 보는 것이다. 이로써 가야 할 정확한 목표나 방향성을 찾는 것이다. 현재 당장 눈앞에 놓인 취업이 아닌 10년 후의 밑그림을 그리고, 준비하는 것이 우선 해야 할 일이다.

Tip 학과 및 진로 탐색 참고 사이트

워크넷(www.work.go.kr)

고용노동부가 운영하는 취업포털 사이트로 직업심리검사, 직업정보 탐색, 직업, 진로자료실, 진로상담, 학과정보 검색이 있다. 전부 무료로 제공되며 자기 탐색과 진로 설정에 필요한 정보를 쉽게 수집할 수 있는 장점이 있다.

한국직업방송(www.worktv.or.kr)

고용노동부와 한국산업인력관리공단이 운영한다. 일자리 정보, 직업능력개발 강좌, 청소년의 진로지도, 숙련기술인 장려 등 다양한 프로그램과 생생한 취업정보를 24시간 제공하는 「일드림 전문채널」이다. 일과 직업을 통한 '개인의 복지 증진 및 삶의 질 향상'을 이바지한다. 특히 취업을 원하는 청년 구직자를 위한 취업 및 창업 강좌, 직무향상 및 자격 강좌를 무료로 이용할 수 있다.

커리어넷(www.career.go.kr)

한국직업능력개발원이 운영하는 사이트로 초등학생부터 일반인을 대상으로 진로심리검사 및 직업정보를 제공하고 있으며, 온라인 진로상담도 시행한다.

10

대학생활의 꽃,
공모전 도전하기

열정을 가지고 즐겁게 하자

후배 중에서 스물세 살의 나이에 애플리케이션 개발자가 되어, 관련 공모전이란 공모전은 모두 휩쓰는 후배가 있다. 한때 나도 애플리케이션 개발에 관심이 많아, 후배와 여러 이야기를 나누면서 친분을 쌓을 수 있었는데, 대학생 신분인데도 불구하고 개발에 대한 열정이 많은 후배였다. 후배는 정보통신 전공으로 학교에서는 기본 이론을 쌓으면서, 현장에서는 프리랜서로 틈틈이 기업의 애플리케이션 개발을 도와주기도 했다.

어떻게 그가 애플리케이션 개발에 입문하게 되었을까? 군대 전역 후 먼저 애플리케이션 개발 카페에서 활동하기 시작했다. 이 카페는 원래 카페 주인이 애플리케이션 개발 대표인데, 일반인들도 일정 금액을 내면 공동 프로젝트 공모전에 참여할 수 있게 해 주었다. 프로젝트는 기획 · 개발 · 디자인 세 분야로 나누어져 있었고, 프로젝트 구성원이 참가하고 싶은 분야를 선택해서 팀을 구성하는 형태였다. 구성원이 애플리케이션 개발에 관심 있는 일반인들이라 해도 실제로 프로그래머나 디자인 경력이 있는 사람이어야 참여할 수 있었다.

그는 정보통신 전공을 살리면서, 그동안 터득한 프로그래밍 지식을 바탕으로 프로젝트 개발의 한 분야를 담당했다. 학교에서 배운 짧은 프로그래밍 실력으로는 처음부터 애플리케이션을 개발하기는 쉽지 않았다. 책을 보고 공부하면서 혼자 터득해야 하는 것은 기본이고, 노트북도 사서 끊임없이 테스트해야 했다. 또한, 프로젝트가 개발자 혼자만 하는 것이 아니므로, 매주 프로젝트 구성원과 만나서 회의를 진행하면서 완성도를 높이기 위해 노력했다. 그 결과 프로젝트 공모전에서 1등을 하게 되었다.

그 이후로 카페 대표는 그의 열정과 실력을 인정하여 회사와 연계된 기업의 공모전이나 프로젝트를 연계해 주었다. 그는 쉴 새 없이 애플리케이션 개발에 몰두했고, 프로젝트를 하나씩 완성해 나갈 때마다 큰 보람과 만족을 느낄 수 있었다. 학생 신분으로 학교에 다니며 개발을 한다는 것은 쉽지 않았지만, 학교에서도 관련 동아리에서 활동하면서 자신의 입지를 점차 넓혀 갔다. 대학 교수도 그의 활동을 듣고 방학 때 여러 기업을 추천하여 해당 기업에서 파트타이머로 새로운 애플리케이션을 개발할 수 있었다. 현재 그의 나이는 스물다섯, 앞으로 세계를 향한 더 큰 꿈을 이루기 위해 계속 도전해 가고 있다.

가능성을 향해 도전한다는 것의 의미

그가 유능한 애플리케이션 개발자가 되리라고 누가 알았겠는가? 끊임없는 도전과 남다른 열정이 있었기에 가능했다. 그의 노력이 다른 사람들에게 알려지면서, 자신의 브랜드 가치를 높일 기회가 주어지고, 점차 자신만의 분야에 영역을 넓혀 갈 수 있는 계기가 되었다.

좋아하는 일을 좇아 꿈을 이룬 미국의 구글 공동 창업자 세르게이 브린은 '많이 더듬고 다니면 다닐수록, 정말 소중한 어떤 것이 손에 잡힐 가능성은 그만큼 커진다'라고 하였다. 현재 자신이 처한 상황과 현실이 실망스럽다고 해서, 시도를 하기 전에 포기하지 말자. 지금 당장은 실현 불가능한 꿈일 수도 있다. 하지만 꿈을 그리는 자는 목표를 위해 계속 노력하기 때문에 반드시 꿈을 이루게 되어 있다. 어려워 보이는 불가능성을 현실로 바꾸는 힘, 그것은 자신의 몫이다.

Tip 학년별 공모전 공략법

■ 공모전 일정 확인하기

교내 게시판 또는 동아리와 다양한 커뮤니티

일반적인 공모전 정보는 게시판의 모집 일정을 확인한다. 공모전 위주로 준비하는 동아리에서도 각종 정보를 얻을 수 있다.

관심 있는 분야는 UCC, 건축, 디자인, 문학, 광고, 마케팅 분야의 홈페이지, 블로그, SNS에 수시로 접속하여 살펴보자.

■ 자신에게 알맞은 공모전 선택하는 방법

대학교 1학년 : 각 분야의 아이디어, 브랜드 네이밍 공모전

처음부터 수상을 위해 무리하게 도전하는 것보다는 방학에 준비할 수 있는 가벼운 공모전을 선택하는 것이 좋다. 예를 들어 브랜드 네이밍 공모전은 누구나 가장 짧은 시간에 쉽게 준비할 수 있다. 이런 쉬운 공모전부터 시작하는 것이다. 공모 분야에 대한 지식과 경험 등의 많은 준비가 없이 큰 욕심을 부리기보다는 경험을 쌓을 기회라는 자세로 준비하자.

대학교 2학년 : 액션형, 참여형 공모전

2학년쯤 되면 1학년 때보다 조금 더 관심 가는 분야가 생긴다. 자신의 관심 분야인 공모전에 참여하도록 한다. 평상시 준비는 관심 분야에 대한 책을 보고 자료를 모은다. 필요시 해당 모임의 온, 오프라인 활동으로 진행한다. 참여형, 액션형 공모전을 하면 삶의 활력을 찾을 수 있고, 인맥을 쌓을 좋은 기회다. 언론사 인턴기자, 모니터 활동, 체험단 등에 도전하는 것도 고려하자.

대학교 3학년 : 광고 및 대형 공모전, 전략형 팀원 참여 공모전

3학년은 공모전 도전의 전성기라고 볼 수 있는 시기다. 그동안 여러 공모전에 참가하면서 쌓은 경험을 바탕으로 과거의 수상작 분석과 철저한 사전 조사 등은 기본이 되어야 한다. 주의할 점은 학기 중의 공모전은 너무 많은 시간을 쏟아서도 안 된다. 진로와 무관한 분야에 다양하게 응모하는 것보다 자신의 진로 방향과 직접 연결될 수 있는 공모전을 선택하도록 하자.

대학교 4학년 : 글로벌 챌린저 등 채용 특전이 있는 공모전

공모전 도전 자체만으로 시간적인 부담이 큰 시기다. 되도록 취업과 긴밀하게 연결되어 있거나 스펙으로 좋은 공모전을 선택하는 것이 좋다. 인턴십 기회를 주거나 채용 특전이 있는 공모전 리스트를 수시로 파악하자. 주최사가 대기업, 공기업 등에서 하는 경제나 마케팅, 광고 분야 등은 채용 특전이 있는 곳이 많음을 염두해두자.

어학연수 vs 워킹홀리데이
무엇을 선택할까?

대학생에게 어학 향상의 해결 방안으로 어학연수는 빼놓을 수 없는 필수처럼 자리잡고 있다. 외국어는 취업에서 필수 관문이라 할 만큼 중요하기 때문이다. 많은 이들이 특별한 해법이 없는 외국어 때문에 골칫거리로 여긴다. 최근에는 토익 900점이 무색할 만큼 영어 고스펙자가 늘어나고 있으나, 실제로 활용할 수 있는 능력은 많이 떨어지는 편이다. 그러다 보니 기업은 외국어 반영 시 활용능력에 맞추어 선발에 참고하고 있다. 특히 외국계 기업이나 영어를 필수로 하는 기업은 영어면접이 이루어지므로 외국어에 대한 문은 높게 느껴질 수밖에 없다.

많은 이들이 어학 실력을 높이기 위해 어학연수나 워킹홀리데이를 준비하려고 한다. 취업준비생 중 절반 이상이 해외를 다녀왔다고 해도 될 정도로 어학 연수에 관한 관심은 많은데 워킹홀리데이와 어학연수에 대해서 잘 모르는 학생도 있다.

워킹홀리데이와 어학연수의 차이점은 다음과 같다. 워킹홀리데이는 나라간에 협정을 맺어 젊은이들로 하여금 여행 중인 방문국에 취업할 수 있도록 특별히 허가해 주는 제도로써, 국외여행을 하면서 합법적으로 일하여 부족한 경비를 충당하도록 마련한 제도이다. 워킹홀리데이는 현지에서 일하면서 자연스럽게 실력을 높일 수 있으므로, 금전적인 부담이 적은 것이 장점이다.

어학연수는 그 나라의 말과 생활을 직접 배우는 학습방법이다. 보통 어학연수를 가려면 일정 비용을 내고 유학원을 통해서 간다. 현지에 있는 어학원에서 연수를 목적으로 온 다양한 외국인과 적응하면서 언어를 배우게 된다. 어학연수를 위해서 사전에 준비할 사항은 그 나라의 정보와 언어의 다양한 표현법을 알아두는 것이 좋다. 또한 머무를 숙소나 학교에 대해서도 자세히 알아보아야 한다.

어학연수나 워킹홀리데이의 막연한 선택은 피하라

나는 대학 시절에 친구 중 어문계열 전공자가 많아, 어학연수 이야기는 귀에 못이 박이듯이 들어 온 것 같다. 연수 목표가 뚜렷한 친구도 있었지만, 어학연수에 대한 꿈만 부푼 경우가 더 많았다. 어학연수나 워킹홀리데이를 다녀온 사람들의 말에 의하면, 떠나기 전에 계획한 목적을 달성하지 못하고 시간만 낭비한 것 같아 후회가 된다고 했다. 어학연수와 워킹홀리데이를 다녀온 광호와 영주 학생의 사례를 들어보겠다.

광호는 어학연수를 다녀오기 위해 대학교 3학년 1학년을 마치고, 9개월간 아르바이트를 해서 연수 비용을 모았다. 광호가 가려던 지역은 영어권이 아니라, 전공 분야와 관련된 유럽권이었다. 나는 광호가 유럽으로 간다고 했을 때 의아하게 생각했다. 실제로 활용할 수 있는 영어권으로 가는 것이 낫지 않겠느냐고 했지만, 광호는 결국 유럽으로 어학연수를 떠났다. 1년 동안의

연수 생활은 일하면서 언어와 문화도 배울 수 있어 즐거웠다고 했다. 하지만 다시 한국에 돌아오니 취업이라는 난관이 남아 있었다. 광호의 전공은 선배들마저 전공을 살리지 않고 취업하는 편이라, 광호는 어학연수가 크게 도움이 되지 않는다는 것을 그제서야 깨닫게 되었다.

영주는 사범계열의 미술전공자로, 어학 경험을 쌓기 위해 호주로 워킹홀리데이를 떠나기로 했다. 미리 철저한 계획과 준비를 하고 워킹홀리데이를 떠났다. 호주에서 3개월은 영어 공부를 하고, 6개월은 키위농장에서 일하고, 3개월은 여행을 다니는 등의 구체적인 계획을 세웠다. 호주의 키위농장에 취업하게 되었는데, 키위농장에서 하는 일은 키위를 따는 것 외에는 어려운 것이 없었다고 했다. 다만 체력이 요구되는 일이라 여자로서는 쉽지 않았다고 했다. 1년 간의 워킹홀리데이를 통해 많은 문화와 언어를 고루 배울 수 있었던 점이 좋았고, 돌아오고 나서는 회화에 자신감과 성취감이 생겼다고 했다.

어학 공부의 목적을 분명히 하자

지금 이 순간에도 국외에 대한 꿈을 안고, 어학연수나 워킹홀리데이를 준비하려는 청춘들이 있을 것이다. 앞서 언급한 영주와 같이 구체적으로 계획을 세우고 나서 워킹홀리데이를 떠난다면 1년간 충분한 경험과 어학 능력을 쌓을 수 있다. 하지만 뚜렷한 목표 없이 막연하게 떠나면 돈과 시간만 낭비하게 될 수도 있다.

결과적으로 어학연수나 워킹홀리데이는 비용과 시간이라는 측면을 무시할 수 없으므로 신중한 결정이 필요하다. 막연히 다녀오면 실력이 늘지 않을까 기대와 달리 준비가 소홀하면 나중에 후회뿐일 가능성이 높다. 청춘의 귀중한 시간을 그냥 흘려버려서는 안 된다. 친구들이 한다고 해서 자신도 무작정 따라해야 할 것 같다는 생각은 접어야 한다.

어학연수나 워킹홀리데이의 목적이 취업과 외국어 능력을 향상하고 경험을 쌓는 것이라면 이 점을 마음속에 깊이 새기자. 목표가 확고하다면, 다녀와서도 자신에게 후회스런 경험이었다고 생각하지 않을 것이다. 그러기 위해서는 외국어라는 막연한 목표를 가지거나 국외라는 유혹에 빠져서는 안 된다. 우선 개인의 역량과 앞으로 하려는 일에 대한 목표를 세워야 한다. 그리고 나에게 어학연수가 정말 필요한지 판단한 후에 준비하도록 하자. 만약 꼭 필요하다고 느낀다면 그때 제대로 준비하고 떠나도 늦지는 않을 것이다. 그렇게 했을 때 해외에서의 경험은 '자신의 인생 스토리'에 담길 수 있는 귀한 자산이 될 수 있다.

Tip 어학연수와 워킹홀리데이 준비

■ 어학연수

영어공부는 필수

모든 준비가 안 된 어학연수는 실패하기 쉽다. 국내에서 기초 영어 실력을 쌓고 난 후 어학연수를 떠난다면, 시간과 비용 면에서 효율적이고 현지에서 적응하는 데 큰 힘이 된다. 어학연수의 현지에서는 영어 수업을 표준 영어로 진행하고, 대화 역시 문화와 이슈가 많이 반영되므로 표준 영어로 이루어지는 어학원을 다니면서 기본 언어 능력을 갖추자. 그리고 현지 문화를 접할 수 있는 뉴스나 드라마 등을 적극 활용하는 것도 좋은 방법이다.

영어 연수 프로그램은 기간과 예산에 따라 결정하자

어학연수 프로그램 정보를 찾다 보면, 지역과 기간에 따라 어학연수 비용이나 내용도 천차만별이다. 사전에 어학연수 기간, 예산을 생각해 두지 않으면 자신에게 맞는 프로그램을 찾기 어렵다. 대부분 될 수 있으면 비용 대비 높은 효과를 얻을 수 있는 어학연수 프로그램을 찾게 된다. 1차로 필리핀에서 어학 공부를 하고, 영어권 국가에서 2차 어학연수를 하면 학비를 절감하고 빠르게 실력을 높일 수 있다.

■ 워킹 홀리데이(워킹홀리데이 인포센터)

워킹홀리데이의 협정 체결국가 및 지역

우리나라는 현재 14개 국가 및 지역과 워킹홀리데이 협정 및 1개 국가와 청년교류제도를 체결하고 있다. 호주, 캐나다, 뉴질랜드, 일본, 프랑스, 독일, 아일랜드, 스웨덴, 덴마크, 홍콩, 대만, 체코, 이탈리아(발효 예정) 및 오스트리아(발효 예정) 워킹홀리데이 프로그램과 영국 청년교류제도(YMS)에 참여할 수 있다.

워킹홀리데이 비자

워킹홀리데이에 참가하기 위해서는 해당 대사관·영사관 또는 이민성에서 워킹홀리데이 비자를 신청해야 한다. 이 비자는 해당(지역)에 체류하는 동안 여행과 일을 할 수 있는 관광취업비자로써 현지에서 관광 경비 조달을 위해 합법적으로 임시 취업을 할 수 있도록 허용하는 비자이다. 체결국(지역)별로 요구하는 비자발급 조건, 구비서류, 신청기간 등이 다르기 때문에 국가(지역)를 선택한 후 해당 지역에 대한 비자 정보를 꼼꼼히 살펴보아야 한다.

해외 봉사단, 기본은 알아두자

현재 한국국제협력단(Korea International Cooperation Agency : KOICA라고도 한다. 정부의 대외무상협력사업을 전담 실시하는 기관으로, '함께 잘 사는 인류사회 건설'을 모토로 한다)에 인턴으로 근무 중인 광호는 자신의 대학 생활 중 손꼽을 수 있는 활동은 다름 아닌 해외 봉사라고 한다. 평소 외향적인 성격을 가진 광호는 여행에 관심이 많아, 스스로 꿈을 위해 전공도 관광경영을 선택했다. 남보다 세상을 넓게 보고 싶었고, 지구 어느 곳이든지 마음껏 여행을 다닐 수 있을 것이라는 이유로 출발했다. 하지만 막상 현실은 전공 공부는 자신이 생각했던 것과는 많은 차이가 있어서 만족이나 흥미를 느끼지 못했다. 그렇게 생활을 하면서 시간을 보내다가 군대를 다녀온 후에 본격적으로 진로 고민을 하게 됐다.

우선 자신의 전공인 관광경영을 살릴 수 있는 대외 활동을 찾아보았다. 대학생들이 할 수 있는 것은 대체로 공모전, 해외 봉사단, 기자단 활동이었고 기자단이나 공모전을 해봤지만, 그 중 해외 봉사단 활동이 가장 끌렸다. 관광경영 전공을 살리며, 외국여행도 할 수 있는 절호의 기회라고 생각했기 때문이었다. 예상했던 대로 해외 봉사단 지원 경쟁률은 치열했고, 심지어 오십 대 일이 넘어가는 곳도 있었다. 수많은 지원자를 제치고 합격하기 위해서는 '나만의 스토리'가 필요했다.

그때부터 광호는 다른 지원자와 차별화할 수 있는 이야기를 생각했다. 그것이 바로 '일상을 여행처럼 산다'는 콘셉트였다. 물론 해외를 나간다면, 여행하면서 봉사하는 일을 떠올릴 수 있겠지만, 그것만으론 설득력이 부족했다. 해외 봉사단을 위한 스토리가 필요했고 바로 일상에서 느꼈던 경험에서 찾을 수 있었다. 그래서 그동안 해왔던 대외 활동에서 느꼈던 경험을 자기소개서에 스토리텔링식으로 전개했고, 마지막에는 해외 봉사단에 꼭 가야 하는 이유로 귀결시켰다.

해외 봉사단 합격과 불합격 사례

해외 봉사단 면접 날이었다. 해외 봉사단 지원자들은 자신들이 준비한 무기들을 펼쳤다. 어떤 사람은 에티오피아 노래를 불렀고, 직접 만든 판넬에 봉사활동 사진을 붙여서 면접관에게 보여주기까지 했다. 해외 봉사를 가면 아이들에게 줄 풍선을 만들어 준다며, 직접 풍선을 만들어서 면접관에게 준 사람도 있었다. 그런데 면접관 인원 수를 맞추지 못해, 이상한 분위기가 연출되기도 했다. 이렇게 지원자들이 준비한 열정에 비해, 광호가 가진 건 자신의 경험을 스토리텔링으로 정성껏 녹여낸 자기소개서 달랑 한 장뿐이었다. 광호는 다른 것보다 진심이 중요하다고 생각했다. 자기소개서에 작성한 내용을 토대로 진솔하게 해외 봉사단을 해야 하는 이유에 대해 설명했다. 면접관들은 서서히 광호의 이야기에 집중하기 시작했다. 결국, 면접은 광호와 에티오피아의 노래를 부른 사람 외에 전부 불합격했다.

해외 봉사단은 새로운 나를 발견하는 기회

광호는 해외 봉사단을 하면서 외국 여행을 하고 싶은 막연함이 있었지만, 에티오피아를 가게 되면서 생각이 아주 달라졌다. 에티오피아 해외 봉사단이 파견된 지역은 아무도 해외 봉사 지역으로 찾지 않았던 곳이었다. 현지에서 해외 봉사단 티셔츠를 입은 모습을 본 에티오피아 사람들은 신기한지 구름떼처럼 몰려들었다. 봉사단에서 주로 광호가 맡은 역할은 의료 검진을 보조하는 역할이었다. 의료 검진을 하면서 백내장이나 시력이 손상된 사람은 무료 검진으로 눈을 뜨게 해주었다. 수술 후 며칠 만에 눈을 뜬 환자는 해외 봉사단 단원들을 바라보며, 감격의 눈물을 흘리기까지 했다. 어떤 할머니는 손녀와 함께 2박 3일을 걸어서 의료진을 찾아오기까지 했다. 한국에서는 상상도 못할 일들이 에티오피아에서는 일어났고 말로 표현하기 어려운 감동이 밀려오기 시작했다. 해외 봉사단 경험은 지난날의 자신을 되돌아보며 새 꿈을 기지고 변화될 수 있었던 좋은 시간이었다고 말했다.

'일상을 여행처럼 사는 것' KOICA에서 꿈을 이뤄가다

광호는 지난해 3월 초의 해외 봉사단 경험을 살려 KOICA에 1년간 인턴으로 근무하고 있다. KOICA는 프로젝트사업, 해외 봉사단 파견, 국내 초청연수, 국내 NGO들의 개발도상국 개발협력 활동을 지원하고 있다. 광호가 맡은 업무는 대학생들과 함께 단기로 해외 봉사단 파견을 나가는 것이다. 나는 광호에게 인턴을 마치면 무엇을 할 것인지 물었다. 그는 '일상을 여행처럼 살 수 있는 일'이라고 말했다. 광호는 지금도 KOICA에서 그 꿈을 이뤄가기 위해, 자신의 길을 향해 묵묵히 걸어가고 있다.

■ **해외 봉사단 모집 일정**

지인 : 정보는 지인으로부터 쉽게 접할 수 있다.

대외 활동에 열정적이고 관심 많은 친구를 통해 정보를 듣는 것도 하나의 방법이다.

인터넷, 신문기사, 각종 커뮤니티 활용

대개 파견 1~2개월 전에 선발 공고가 올라오고, 적어도 보름 전에는 선발이 마무리된다. 수년간 해온 프로그램은 매년 비슷한 시기에 선발하고 파견하므로 사전에 관심 있는 해외 봉사를 검색하고 준비한다.

■ **해외 봉사단 서류 전형**

서류 작성 시 유의사항

홈페이지에서 서류를 작성하면, 장시간 사용이나 오류 등으로 로그아웃되는 경우가 발생될 수 있다. 따라서 한글, 또는 오피스 문서로 작성한 다음 붙여넣기 하는 것이 좋다.

마감일 지키기

마감일이 임박하면 서버가 다운될 가능성이 있다. 마감 당일에 접수하는 것 보다는 사전에 서류를 완벽하게 준비하여 여유를 가지고 접수하도록 한다.

자기소개서 작성하기

최대한 자기소개서 항목과 연관된 내용을 쓰도록 하자. 너무 많은 내용을 적기보다는 진실하고 간결하면서 가장 나답게 쓰되 지원하는 이유와 동기를 명확하게 한다. 해외 봉사는 타지에서 꿋꿋하게 살아날 만큼의 독립심, 열의, 봉사정신 등이 가장 중요한 평가 항목임을 명심하라.

면접 공략법

자신감 있는 말투로 자신의 재능과 끼를 최대한 발휘한다(단, 너무 지나친 행동은 금물). 정말 선발되고자 하는 열정이 있다면 무엇이든 준비한다. 면접관에게 돋보일 수 있는 마지막 센스 있는 한 마디를 준비한다.

13

4학년,
더 멀리 준비하라

한 여학생의 진로를 상담하느라 바쁘던 어느 날 취업을 앞둔 동우에게로 부터 연락이 왔다. 4학년 마지막 학기라 고민이 많은데, 문득 내가 생각나서 연락했다는 기운이 없는 목소리였다. 연락을 주고받은 후, 거의 2년 만에 그를 만나게 되었다. 오랜만에 보는 얼굴이라 반가웠지만, 동우의 얼굴은 약간 불안과 초조함으로 상기되어 있었다. 지난 시간 동안의 이야기를 들으면서, 공감되는 부분도 있었고 어깨가 축 늘어진 모습에 안타까운 마음이 들었다.

군 복무 이후 2년 전이나 지금이나 크게 달라진 것이 없는 모습이었다. 즉, 복학 후 계속 학업에 열중하다가 어느덧 졸업반이 되어 보니 특별히 해놓은 게 없었다. 4학년 2학기, 지방대 정보통신과 3.0대의 학점, MOS 자격증 (Microsoft office specialist : 마이크로소프트 오피스 프로그램과 윈도우 운영체제에 대한 자격증), 현재 정보통신기사와 정보처리기사 중 1개 자격증 준비 중, 토익 600 점 정도가 그의 스펙 전부였다. 영어 점수가 다른 사람들보다 낮아 결국 졸업 유예의 길을 선택했고, 토익 점수와 자격증 준비에 시간과 노력을 들여야 할 상황이라고 했다.

하지만 집을 생각하면 졸업 유예란 현실적으로 힘들었다. 부모님은 하루라도 빨리 졸업하여 입사하기를 원하셨다.

그래서 취업을 위해 노력을 해 보았지만, 자신이 일할 만한 자리는 없게 느껴졌다고 했다. 정보통신 전공이 광범위하고 선택의 폭이 넓은 것처럼 보이지만 정작 지원할 만한 곳이 없었다. 대기업 공채를 지원하기에는 현재 실력으로 어려울 것 같고, 집에서 가까운 곳에 있는 중소기업의 일자리도 찾아보았지만, 구체적으로 무슨 일을 하는지 잘 몰라 지원하기에 모호한 상황이라고 했다.

그리고 정작 무슨 일을 해야 할지 모르는 상태에서, 의미 없이 시간을 보내고 있는 것 같았다. 친구들은 하나같이 자신이 하고 싶은 일도 찾고 잘 풀리는 것 같은데, 친구들과 비교할수록 자신의 상황이 비관적으로 느껴진다고 했다. 이렇게 시간을 보내다 보니 자신이 싫어지고, 아까운 시간이 갈수록 자신감이 더욱 없어졌다.

취업과 진로의 부담감, 이것은 미래에 관해 결정하지 못하고 고민하는 청춘들의 공통된 사항일 것이다. 그렇다고 자신감을 상실하고 의욕을 잃어버리면 어떡하겠는가? 취업의 길은 열려 있고 방법은 많지만, 구직 의욕을 저해시키는 요인인 무기력한 상태, 저해된 자신감, 개인의 의지를 회복시키는 것은 자신이 풀어야 할 또다른 과제다. 현재 졸업을 앞둔 상황이라면, 다음과 같이 준비해 보자.

첫째, 지원 직무를 정하자.

앞서 언급한 동우의 사례에 비추어 설명하면, 동우는 전공이 자신의 적성에 맞지 않아서 전공 외에 사무직이나 다른 일을 할 생각도 갖고 있었다. 하지만 졸업 후에 취업해야 한다면, 다른 직무를 준비한다는 것은 어려울 수 있다. 우선 전공(정보통신) 분야의 직무를 정해 보는 것이 좋다. 정보통신 전공에서 갈 수 있는 직무 분야로 통신공학기술자, 컴퓨터 시스템 설계 및 분석가, 네트워크 시스템 개발자, 시스템/응용소프트웨어개발자, 데이터베이스 개발자, 정보시스템 운영자 등이 있다.

직업과 직무에 대해 궁금하다면 한국고용정보원에서 출간된 《2013 직업 선택을 위한 학과 정보》를 참고하길 바란다. 각 학과 별로 졸업 후 진출 가능한 직업과 자격을 상세히 기록하였다. 지원 직무를 정하지 않은 상태로 막연하게 자격증과 취업 준비는 의미가 없다. 직무마다 요구하는 자격증도 다르고, 정보통신 직종 중에서도 자격증을 요구하지 않는 곳도 있으므로 지원 직무와 직업을 결정하는 것이 우선 해야 할 일이다.

둘째, 혼자 고민하지 말고, 도움이 될 만한 사람을 찾자.

대학은 전임교수 외에도 겸임교수, 시간강사로 임용 중인 교수가 있다. 그 중 학과 전공과 관련된 분야에서 일하고 있는 해당 교수가 있으면 찾아가 조언을 구하도록 한다. 동우는 작년에 현장에 재직 중인 겸임교수가 성실하다고 인정받은 선배들을 취업시켜 주었다는 이야기를 했다. 그 당시에는 교수와 친분 관계도 있어 진로 고민을 상담하곤 했지만, 수업 과목이 끝난 이후에는 연락하지 않아 서먹하다고 했다. 나는 망설이지 말고 그 교수를 빨리 찾아가서 자신의 상황과 진로에 대해 다시 한 번 도움을 청하라고 조언했다. 교수와 상담을 하다 보면, 현재 답답한 상태에서 어느 정도 방향은 찾을 수 있는 진로의 조언을 얻을 수 있을 것이다.

셋째, 목표를 가지고 지속하는 것이 지름길이다.

사회 진출을 앞두고 준비가 다소 부족하더라도 동우처럼 이미 늦었다거나, 안 된다는 부정적인 생각은 하지 않도록 한다. 현재 취업할 수 있는 조건의 길은 항상 열려 있다. 대기업, 공기업만을 바라보지 않고 중소기업에서 경력을 쌓는다는 목표를 가지고 열심히 일하는 것이다. 눈 딱 감고 3년을 일해도 거우 28세이다. 3년 후 경력직으로 이직하겠다는 마음으로, 현재의 부족한 부분을 보완하고 자기개발을 해 가면서 일하도록 한다.

또한, 졸업 유예로 시간을 보내는 것 보다는 실무 현장에서 경험을 쌓는 편이 앞으로 자신에게 훨씬 유리한 상황이 될 수도 있다. 그리고 단지 경력을 채우기 위해 일하는 것이 아니라 '회사에서 정말 없어서는 안 될 인재'로 최선을 다해 일하는 자세가 필요하다. 그러면 외부 업체에 스카우트되거나 3년간 형성된 인맥 네트워크를 통해 이직할 가능성도 높아진다. 어느 분야든 꾸준히 할 수 있는 목표를 가지고 일한다면 자신의 삶은 얼마든지 달라질 수 있다.

Tip 취업을 위한 준비

취업 박람회 및 관련 행사 참가

취업박람회의 소식과 접수는 보통 온 · 오프라인으로 진행되는 경우가 많다. 그래서 온라인을 이용하여 미리 개최하는 박람회의 성격을 파악하고, 참여하는 업체와 각종 부대 행사에 대해 자세히 알아서 자신에게 도움이 되는 것이 무엇인지, 어디를 주로 방문할 것인지를 사전에 계획을 세울 수 있다. 최근에는 취업박람회에 참여하는 기업들의 온라인 채용접수도 가능하므로 관심 있는 기업에 미리 접수하고 현장에서 회사 담당자와 만나 면접을 보도록 하자.

교내 특강 및 취업 캠프 참가

취업센터에서 주최하는 교내 특강이 많다. 기본적으로 입사지원서 작성법, 모의면접, 이미지메이킹과 같은 특강 외에도 기업체 인사담당자 초청 특강도 열린다. 학교에 붙어 있는 특강 포스터나 공고를 보고 해당하는 것에 참여하도록 하자.

기업 채용설명회 참가

입사 계절이 되면, 기업 채용박람회가 대학에서 열린다. 주로 입사지원과 관련하여 채용절차, 준비사항을 설명한다. 기업채용설명회의 장점은 인사담당자를 직접 만날 기회가 주어진다는 점이다. 꼭 지원하고 싶은 기업이라면 사전에 인사 담당자에게 하고 싶은 질문을 준비해보자. 대개 면담 시 주로 스펙과 같은 질문을 하는데, 실제 면접장에서 면접관과 대화한다는 마음으로 핵심적이고 필요한 질문을 한다. 자신을 보는 인사담당자의 눈이 달라질 것이다.

입사 희망 기업을 연구하고 분석은 필수

4학년이 되면 이력서와 자기소개서에 매달리다가 정작 중요한 기업 분석을 놓칠 때가 많다. 취업하고 싶은 분야의 기업의 정보를 수집하고, 공부하는 것이 필요하다. 기업 분석은 주로 기업의 비전과 인재상, 핵심 사업 방향, 진출 분야, 실적과 관심 분야, 경쟁사와 발전전략 등이다. 철저하게 분석한 자료를 토대로 지원 기업의 정보를 꿰뚫어서, 면접 경향과 취업 전략을 함께 모색하여 지원하도록 한다.

현직에 근무하는 선배에게 도움을 청하라

졸업한 선배 중 입사하고 싶은 기업에 다니고 있는 선배가 있다면, 주저하지 말고 연락한다. 이메일이나 전화, 지인을 통한 요청 등 모든 방법을 동원해야 한다. 후배가 도와 달라고 하는데, 거절하는 선배는 별로 없을 것이다. 먼저 입사한 선배는 기업의 정보와 입사지원 팁과 같은 정보를 알려줄 수 있다.

잘하는 역량에 시간을 사용하라

대부분의 지원자들은 입사를 희망하는 기업이 자신의 역량에 비해 높은 경우, 부족한 역량에 시간을 투자한다. 부족한 역량을 잘하는 역량으로 끌어올리기까지 많은 시간이 소요된다. 스펙만 쌓다가 시기를 놓치는 일이 발생한다. 취업 준비기간이 얼마 남지 않은 만큼, 현명하게 준비해야 한다. 자신의 강점을 살릴 수 있는 것이 무엇인지 생각해보자. 강점을 살려 지원을 한다면, 성공할 확률이 높아진다.

최선책과 차선책을 두고 준비하라

원래 목표한 기업에 합격이 안 될 수 있다. 목표 기업이 안 된다고 해서, 포기하거나 다음으로 미루지는 말자. 뭐든지 최선책만으로 된다면 얼마나 좋을까? 불확실한 취업 승률 게임에 최선책과 차선책을 고려하여 준비하도록 한다. 차선책으로 생각한 기업에 똑같이 준비하지 않고 자신만의 차별화를 준비하여 지원해야 한다.

14

지방대생의
차별화 전략

"취업 준비요? 지금은 너무 일러서 아직 아무것도 시작하지 않았어요."

막상 자신의 진로에 대해 물어보면 이와 같은 대답을 많이 듣는다. 주변의 대학생 중에 꿈을 키우며 미래를 준비하는 사람은 과연 몇 명이나 될까? 특히 지방대학일수록 진로 준비 상황은 더욱 심각하다. 예전에 어느 국립대학교로부터 대학신문에 게재할 칼럼을 의뢰받은 적이 있는데, 대부분이 지방대라는 스트레스와 경쟁에서 밀릴 수밖에 없는 현실에 대해 비관적으로 생각하고 있었다. 지방대학이 수도권의 대학에 비해 취업 스트레스가 심한 것은 알고 있었지만, 칼럼을 의뢰받고 나서 심각성을 다시 한번 체감했다.

시중에 나온 취업 관련 도서나 언론 매체의 취업 대상은 국내의 주요 상장기업인 대기업을 위주로 하고 있다. 하지만 실제로 대기업을 갈 수 있는 확률은 1퍼센트밖에 안 된다. 그럼 나머지 99퍼센트는 어디로 가야 한다는 것일까? 취업도 중요하지만, 막상 자신의 진로조차 결정하지 못한 대학생, 특히 조건이 열악한 지방대생에게는 구직의 차별화 전략을 세워야 한다.

자신의 진로를 위한 방법이 있을까?

우리는 어릴 때부터 진학과 입시 위주의 삶을 살아왔다. 결국 직업이나 인생에 중요한 일에 대해서는 크게 중요하게 여기지 않았다. 사회 구조적으로 직업관에 대한 인식이 부족하다 보니, 성인이 되어도 자신의 진로를 정하지 못해 우물쭈물하는 경우가 많다. 지금이라도 확실한 직업관을 가지고 시작하면 늦지 않았다. 늦었다고 생각하는 때가 가장 빠른 법이다.

우선은 직업이나 적성을 위해서 대학 내의 경력개발센터나 청년고용센터를 이용한다. 대학 내의 경력개발센터는 진로를 찾아 주기 위한 다양한 프로그램(성격검사, 심리검사, 집단상담, 취업상담)이 마련되어 있다. 필요할 때 수시로 전문상담사에게 상담을 통하여 진로 모색을 하도록 하자.

경쟁에서 살아남는 전략을 세워라

자신만의 차별화된 스토리를 만들어야 한다. 지방 대학이라 스펙에서 밀릴 수밖에 없다면 더 노력해야 한다. 중요한 점은 스펙을 위해 무작정 아무 경험이나 할 필요는 없다. 지원하려는 직무와 관련하여 일관된 경험이 중요하다. 일을 어쩔 수 없이 한다는 마음으로 하지 않고 그 일에 대해 사랑하라. 정말 이 일이 아니면 나는 아무것도 할 수 없다는 각오로 해야 한다. 그것이 차별화된 스토리를 만들 수 있는 핵심 포인트다. 이제는 IT 업계의 영원한 전설로 남은 스티브잡스의 명언 중에 이런 말이 있다.

"내가 계속할 수 있었던 유일한 이유는 내가 하는 일을 사랑했기 때문이라고 확신합니다. 여러분도 사랑하는 일을 찾아야 합니다. 당신이 사랑하는 사람을 찾아야 하듯이 일 또한 마찬가지입니다."

누구나 입사 지원에 어려움을 겪을 수밖에 없는 이유는 개인을 브랜드화할 수 있을 만큼의 차별화된 스토리가 없기 때문이다. 남들과 다르지 않은 비슷한 경험과 역량으로는 인사담당자의 관심을 끌 수 없다. 그저 평범한 인재로 남지 않기 위해서는 누군가 입사지원서를 봤을 때 면접을 보고 싶다는 생각이 들 정도로 나만의 차별화된 작은 성공의 스토리를 만들어야 한다.

조력자가 필요하지만, 결국 자신과의 싸움이다

희망하는 기업의 입사는 결국 자신에게 달려 있고 자신과의 싸움이다. 취업컨설턴트나 취업전문가는 조력자에 불과하다. 누군가에게 도움을 받기보다는 스스로 찾아야 한다. 누군가가 알려 준 일반적인 정보보다 자신이 찾고 경험한 것들이 더 가치가 있다. 고용에 도움이 될 수 있는 컨설턴트는 취업전문가 말고도 가족, 친척, 교수, 업계 종사자, 인맥을 통해 찾을 수 있다.

누구 한 명의 정보에만 의존하지 말고 눈과 귀를 열어 좋은 정보는 받아들이고 필터링해야 할 것은 과감하게 버릴 수 있는 판단력도 필요하다. 좋은 대학, 좋은 회사와 같은 눈앞에 보이는 것만 보고 자신의 미래가 결정되었다고 생각하지 말자. 내 꿈을 향해 끊임없이 노력하고 스스로 방향을 찾아야 한다. 노력은 절대로 배신하지 않는다. 당장에 성과가 나타나지 않아도, 몇 년 후 달라진 자신의 모습을 볼 수 있을 것이다.

나만의 성공 스토리, 차별화 전략은 다른 사람보다 아주 뛰어나거나 멀리 있는 것이 아니다. 현재 자신의 마음가짐과 사고를 조금만 바꾸는 것에서 시작해야 한다. 내가 잘 할 수 있는 일, 인정 받을 수 있는 일들을 하는 것이다. 이것이 자신감을 부여한다. 그리고 가장 중요한 것은 실패를 두려워하지 않아야 한다. 실패는 성공으로 가는 하나의 과정이고 스승이다. 실패는 성공으로 향하고 있다는 실행력의 증거이기도 하다. 인생에 실패 없이 성공한 사

람이 있다면 남보다 능력이 뛰어나거나 목표가 그 이상 원대하지 않았을 것
이다.

Tip 취업센터를 적극 활용하기

취업센터 및 경력개발센터

각 학교 내에 무료 혹은 적은 비용으로 동영상 강의나 취업 강의를 들을 수 있는 프로그램
이 진행된다. 신학기 시점이나 매월 초 또는 말에 새로운 강좌가 시작된다. 이력서 클리닉,
진로계획상담, 기업탐방수록, 채용정보 혹은 아르바이트 자리 등을 구할 수 있다. 지방의
대학생은 대체로 정보가 취약한 편이다. 그러나 지방에 있는 중견기업 및 대기업 채용 의
뢰가 학교를 통해 오는 확률이 높다. 취업센터를 자주 활용하는 것이 가장 쉽고 편리한 방
법이다.

대학 청년고용센터

고용노동부에서 2011년 2월부터 시행한 사업으로, 캠퍼스 내에 청년고용센터를 설치하여
상담 및 취업 지원 프로그램과 알선 등을 적극 추진하도록 지원하는 사업이다. 고용 동향
과 일자리 정보를 구직자에게 제공하고 재학생과 졸업한 미취업자를 대상으로 한다. 주로
모의면접, 입사서류클리닉, 학생 개인별 심층 상담 등을 진행하기도 하며 일대일 맞춤형
취업 연결 등도 하고 있다. 따라서 대학청년고용센터는 질이 높은 서비스와 전문화된 프로
그램을 받을 수 있다.

희망이음 프로젝트(www.hopelink.kr)

지역의 우수 기업을 발굴하여 지역 인재들과 만남의 장을 마련하여 청년에게는 기업 체험
기회를 부여한다. 우수 기업에는 청년 인재를 직접 대면할 기회를 제공하여, 청년과 우수
기업이 소통하고 공감하여 일자리에 대한 새로운 패러다임을 만드는 프로젝트다.

※ 중견 기업을 연계하는 희망이음 프로젝트 카페 : 생각나.com

고시 준비,
최선책과 차선책을 생각하라

대학에 다니면서 가장 쉽게 접할 수 있는 정보는 공무원시험, 고시, 전문자격증에 대한 정보다. '축 ○○학과 ○○학번 공인회계사 합격'과 같은 내용의 플래카드를 교내에서 종종 볼 수 있다. 현재의 현실을 고려한다면 고시나 전문직은 보수가 높거나 안정적이라는 것이 가장 큰 장점이다.

하지만 고시에 합격하려면 기본 3년 이상 준비해야 합격 가능성을 어느 정도 가늠할 수 있다. 처음에 실패할 때는 아직 몇 번의 기회가 있다는 생각으로 크게 실망하지는 않는다. 하지만 처음 기대와는 달리, 계속 실패하게 되면 이건 아니라는 생각으로 결국 고시를 접기도 한다.

내 모교의 경영학과에도 공인회계사(CPA : Certified Public Accountants)를 준비하는 모임이 있었다. 우선은 공인회계사에 대한 희망과 기대감으로 많은 인원이 시작한다. 그러나 1차 시험에 합격하기도 쉽지 않음을 느낀다. 점차 시간이 지나면서 합격 가능성이 희박하면, 회계법인쪽으로 진로 가능성을 염두에 두고 세무사시험이나 재경관리사 등의 회계 관련 시험을 같이 준비하기도 했다.

먼저, 고시시험 합격 사례를 살펴보자. 중학교 동창 중에서 수도권 대학의 경영학과에 다녔던 태호라는 친구가 있었다. 원래는 교대에 진학할 수 있었지만, 교대를 포기하고 경영학과에 진학했다. 그 당시 친구의 결정을 보면서, 교단에서 안정적으로 학생을 지도하는 교사라는 직업을 포기하는 것이 이해되지 않았다.

태호는 대학 입학 후 1학년 때는 자유로운 대학 생활을 즐겼다. 그러다 진로 고민을 하던 중에, 경영학과의 분야로 공인회계사가 전문직으로 주목을 받고 있고, 학과 내에 CPA 준비반이 별도로 있어 관심이 가기 시작했다. 그러던 어느 날부터 태호가 공인회계사 시험을 준비한다기에 열심히 하여 성공하라고 응원해 주었다.

태호는 처음에는 마음의 여유를 가지고 준비했다. 가끔씩 태호를 통해 고시준비생들의 러브스토리를 듣는 재미는 쏠쏠했다. 하지만 준비 기간이 길어질수록 지쳐 가는 모습이 역력했다. 결국, 학교에 다니며 1차 준비를 하기가 어려워 중간에 몇 번 휴학하기도 했다.

정기적인 동창모임에도 잘 보이지 않았고, 1차 시험도 몇 번 만에 합격해서, 2차를 준비하고 있다는 소식만 들을 수 있었다. 1년 6개월간 모임에 보이지 않던태호는 4년 만에 공인회계사에 최종 합격해서, 현재는 Y회계 법인에서 근무하고 있다.

이번에는 만호 학생의 고시시험 실패 사례이다. 만호는 대학의 경영학과 출신이었다. 전역 후 경영학과로 갈 수 있는 직업을 고민하던 중 공인회계사라는 직업이 유망하고, 돈을 많이 벌 수 있다는 이야기를 들었다. 교내에는 회계 준비반이 없어서 유명한 공인회계사 학원에 등록했다. 만호는 재수를 하여 나이가 많아지면 취업에 불리해질 것 같아 2년 이내에 끝내야겠다는 목표를 세웠다.

하지만 공인회계사 공부는 쉽지 않았다. 회계사 공부를 한 것이 아까워 1년을 더 노력해 보겠다는 생각으로 세무사를 준비하기 시작했다. 결과는 불합격이었다. 만호의 나이 29세, 하반기가 지나가고 있었다. 그는 결단 끝에 경영학과 전공과 회계공부 경험을 살려, 일반기업에 입사지원을 했다.

입사지원 후 면접 결과까지 남은 기업은 ○○은행과 중견기업의 회계팀이었다. 은행은 최종 면접에서 아쉽게 떨어졌고, 결국 다른 중견기업의 회계팀에 공채로 입사하게 되었다.

고시와 같은 시험에 실패하더라도 만호처럼 취업이라도 되면 다행이다. 대부분 고시나 자격시험 등에 떨어지게 되면 다른 일도 실패할 것 같은 불안감과 무기력증이 찾아올 수 있다. 특히 시험 준비 때문에 늘어나 버린 공백기는 불안을 더 가중시킨다. 보통 평균 입사지원자들보다 나이가 많아질 뿐만 아니라 회사에서 자신을 채용해 주지 않을 것 같은 생각에 사로잡힌다.

누구나 시험에 떨어질 수 있다. 지금도 많은 고시 준비생들이 불합격으로 좌절을 맛보기도 한다. 고시에 실패했다고 해서 미래까지 희망이 없지 않다. 현재 불합격의 사실이 중요한 것이 아니고 결과적으로 모든 것은 자신이 어떤 마음가짐을 가지고 다시 시작하느냐에 따라 달라진다. 혹시라도 고시 실패로 아무것도 하지 못하고 있다면, 어서 훌훌 털고 정신을 차려야 한다. 무기력하게 자포자기한다고 해서 크게 달라질 것은 없다.

꿈은 이루어지기 전까지는 꿈꾸는 사람을 가혹하게 다룬다. – 윈스턴 처칠

취업,
절대로
고민하지 마라

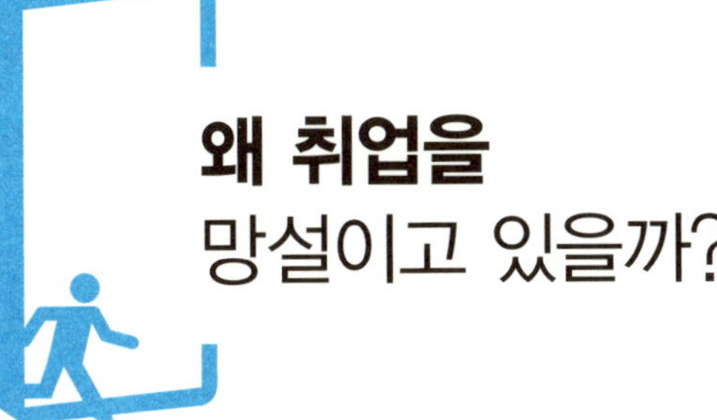

01

왜 취업을
망설이고 있을까?

해마다 변하지 않는 구직난으로 예전처럼 청년들은 일자리를 찾기 위해 개미처럼 오늘도 동분서주하고 있다. 지금도 입사를 위해 열심히 한다는 생각을 해도 쉽사리 마음이 움직여지지 않을 것이다. 몇 차례 입사에 실패하고, 집에 있는 시간이 길어질수록 처음 가졌던 마음보다 자꾸 의욕이 저하되기 싶다. 그동안 취업 준비를 위해 각종 자격증 취득과 어학 학원비 등으로 들어간 비용도 만만치 않을 것이다.

때로는 입사지원한 서류가 통과조차 안 되는 상황에 좌절하고 있을지도 모른다. 소수의 사람들은 눈을 낮춰 중견기업, 중소기업체도 갈 수 있겠지만 자존심 때문에 가끔씩 이러지도 저러지도 못하고 망설이기만 한다.

지방대 졸업자인 29살의 은규는 졸업한 지난해 8월까지 나름대로 취업 준비를 했다. 그 당시만 해도 직무보다는 회사 이름만 보고 지원을 했었다. 그러나 결과는 모든 기업에서 불합격 통보를 받았다. 은규는 그때까지만 해도 정확한 불합격한 원인을 찾지 못했다. 결국, 스펙 부족이라고 결론을 짓고 스펙 올리기에 몰두했다. 하지만 학원을 가도 공부가 머리에 잘 들어오지 않았다. 자꾸 시간은 가는데, 제대로 준비한 것은 부족하고 벌써 한해가 지나가고 있었고, 마음은 점점 초조해졌다. 이번에도 실패하면 내년 상반기 공채를 준비해야 할 것 같은 두려움이 엄습해왔다.

안타깝게도 은규는 두 차례의 하반기 공채에 실패했고, 올해 상반기 공채를 위해 준비를 하고 있다. 인문계열 전공인 은규가 갈 수 있는 직무는 누구나 마찬가지로 한계가 있었다. 그래서 전공과 상관없이 선발하는 영업 지원과 영업 관리 위주로 지원했다. 은규는 직무가 좋아서 지원한 것은 아니었기 때문에 자기소개서를 쓸 때도 자신이 없었고 남보다 두루뭉술한 준비를 하는 상황이 반복되었다.

직무에 적합한 자신의 '강점 역량'을 찾자

희망했던 기업에 입사가 안 되면 자신이 당초에 목표한 계획들은 점차 무너져갈 수도 있다. 만약 그런 상황이라면 휴식을 취하면서 다시 일어서야겠다는 다짐이 필요한 때이다. 그리고 지원을 해도 탈락하는 이유를 하나씩 꼼꼼하게 점검해 보아야 한다. 그 답을 찾아야 한다. 스펙은 참고일 뿐 취업 평가에 절대적이지 않음을 명심하자. 우선 몇 가지 생각해 보자. 첫째, 입사의 조건이 많은 연봉을 원하는 것은 아닌지 생각해 보라. 둘째, 외국계 기업이나 대기업만을 선호하는가? 셋째, 입사 준비는 완벽한가 확인하라. 넷째, 다른 지원자들과 차별성은 되었는가를 점검하라. 네 가지 중에 잘못된 부분이 있다면 집중적으로 보완해 나가야 한다. 입사의 꿈은 멀고 험한 과정일 뿐이다. 그렇다면 어떤 방법으로 자신만의 차별화 전략으로 성공할 수 있을까?

첫째, 직무 적합 여부와 열정을 보여야 한다.

취업 준비생이라면 직무에 대한 이해는 가장 기본이다. 그러나 책을 통해 공부한다고 해도 현장 경험이 없는 이상, 완전하게 이해하기는 어렵다. 예를 들어 영업관리라는 직무를 살펴보자. 영업관리란 영업 현장에서 발생하는 모든 일을 관리하는 업무이다. 이 내용을 읽었을 때 머리로는 이해되지만 곱씹어서 자기소개서에서 옮기는 작업은 쉽지 않다. 인턴 경험이 있으면 나은 편이지만 경험마저 없다면, 현장의 직무를 이해하기는 어렵다. 일반 기업의 영업관리는 포괄적인 업무이다. 유통업계의 영업관리는 크게 매출관리, 매장관리, 사원관리, 고객서비스 관리로 나누어지고 각각 분야에서 수행하는 직무 내용은 다르다. 다만, 종합적으로 영업관리라는 직무의 성격을 띠고 있을 뿐이다.

그렇다면 기업에서 신입사원 채용 시 중요하게 여기는 사항이 무엇일까? 바로 조직에 맞는 직무 적합 여부와 회사에 대한 열정이다. 직무 적합 여부를 보여주기 위해서는 직무와 관련된 공부가 필요하다. 틈틈히 취업 스터디나 직장 생활에 필요한 책을 읽는 것도 하나의 방법이 될 수 있다. 직접적인 경험은 하지 못해도, 간접적이지만 체득해보는 것이다.

둘째, 진정성이 담긴 자기소개서가 핵심이다.

인성과 열정을 보여줄 수 있는 것은 자기소개서다. 최근 기업에서 요구하는 자기소개서 형식이 정형화된 틀에서 벗어나, 문항이 까다로워지고 있다. 지원자들은 기업이 요구하는 자기소개서 문항에 난감한 적이 많았을 것이다. 자기소개서를 보는 주요 목적은 지원자의 인성, 태도, 열정을 파악하기 위해서다. 자기소개서가 모두 지원자를 증명해주지는 않지만, 자기소개서를 토대로 기업이 요구하는 역량과 잘 어울리는 인재를 찾으려고 한다.

따라서 기본적으로 자기소개서는 억지로 꾸며낸 느낌이 드는 내용이 아니라 진정성이 담기도록 작성해야 한다. 첫 줄부터 어디서 본 듯한 흔한 문구들로 작성된 자기소개서는 읽기도 전에 휴지통으로 향한다. 자기소개서에 자신이 살아온 경험 중에 강점으로 보일 수 있는 역량들을 정리해 보자. 그리고 원하는 기업과 부서의 목표를 잡고 준비한다면 언제나 입사의 문은 열려 있다.

미래를 고려한 계획을 수립하라

세상을 다르게 보면서 숨가쁘게 달리는 하루 중에 잠시 한 잔의 차와 함께 여유를 가져야 한다. 어떤 이들은 구직 때문에 사람 만나는 것조차 싫어질 정도로 우울증이나 대인기피증에 시달리기도 한다. 중요한 것은 그 상황에서 최대한 빨리 생활의 변화를 주어 벗어나야 한다.

생활의 변화를 주기 위해서는, 첫째 하루의 일과 중에 꼭 해야 할 일을 아침에 생각해 본다. 그리고 사소한 것(집안 청소, 정리, 약속)이라도 미루지 말고 하라. 둘째, 집안에만 있기 보다는 야외 활동을 하는 것이 좋다. 즉, 취미생활이나 운동으로 스트레스를 해소하는 것이 기분 전환에 도움이 된다.

셋째, 부정적인 생각에서 긍정적인 생각을 하도록 자꾸 '나는 할 수 있다, 나는 된다. 나는 문제 없어'라고 자신감을 불어 넣어라.

만약 입사의 목적이 단지 돈을 벌기 위함이라면 어떻게 될까? 많은 신입사원이 목표가 달성되는 순간부터 처음 마음가짐과 달리 어느 순간 일에 대한 열정이 점점 떨어진다는 것을 느낀다. 그러다가 내가 원하던 일이나 근무 환경이 아니라는 핑계나 다른 핑계로 이직할 마음을 먹는다.

취업포털 리서치 조사에서 신입사원의 이직에 관한 설문 조사 결과, 놀랍게도 신입사원 중 90퍼센트 이상이 이직할 결심을 한다고 밝혔다. 이런 현상이 일어나는 이유는 일에 끌려 다니면서, 일의 가치와 중요성을 놓치고 있기 때문이다.

나에게 확실한 한 가지 목표가 있다면 이미 절반 이상은 성공한 셈이다.

이제부터 해야 할 것은 앞으로 미래에 대한 구체적인 계획과 실천 가능한 방향을 세워야 한다. 물론 지금은 여러 이유로 생각할 여유조차 없다고 느낄 수 있다. 하지만 준비 과정 속에서 앞으로 무엇을 어떻게 하고 싶은지 끊임없이 질문을 던져야 한다.

우리에게 계획과 무계획의 차이는 매우 크다. 지금까지 계획없이 살았다면 작은 계획부터 세워보자. 처음에 실현 불가능하게 생각했던 일들이 계획대로 실행하다 보면 어느 순간 하나, 둘씩 달성하는 성취감을 얻을 수 있다.

Tip 취업을 망설이는 이유?

■ **크라이티스**Crites**의 직업 선택 유형 7가지**

☐ **적응형 : 흥미와 적성이 일치하는 분야를 발견한 유형**

자신의 흥미 분야와 적성이 일치하는 경우다. 흥미와 적성이 일치한 직업을 가지고 있는 사람은 직업 만족도가 높은 편이다.

☐ **비적응형 : 흥미와 적성이 일치하는 분야를 찾지 못한 유형**

흥미와 적성을 찾지 못해, 직업 선택에 망설이는 유형이다. 모든 사람이 흥미와 적성이 맞는 직업을 찾을 수는 없다. 자신이 느끼고 있는 흥미와 관심 분야가 무엇인지 곰곰이 생각해보자. 직업심리검사를 통해서도 진단할 수 있다. 흥미와 적성이 없다고 실망하지 말자. 누구에게나 맞는 분야가 한 가지 이상은 있다.

☐ **비현실형 : 자신의 적성 수준보다 높은 적성의 직업을 선택하거나, 흥미를 느끼는 분야가 있지만 그 분야에는 적성이 없는 유형**

예를 들면 뚱뚱한 몸을 가졌고, 예능에 재능이 없는 사람이 연예인을 하고 싶어 하는 경우다. 아무리 연예인이 되고 싶어도 현실적으로 어려움이 있다. 자신의 적성 수준과 흥미를 고려한 현실적인 직업 선택이 필요하다.

□ **다재다능형 : 재능이 많아 흥미와 적성에 맞는 직업 중에 결정하지 못하는 유형**

끼와 재능이 많아 고민인 유형이다. 하고 싶은 직업도 많고, 흥미 분야가 넓어서 직업 선택을 하기 어렵다. 속담에 '열두 가지 재주 가진 놈이 저녁거리가 간데 없다'라는 말이 있다. 여러 방면의 재주를 지닌 사람이 한 가지 재주를 가진 사람보다 성공하기 어렵다는 뜻이다. 직업으로 연계할 수 있는 재능 중에 이해득실을 따져본 다음 자신이 가장 뛰어나고, 잘할 수 있다고 느끼는 재능과 관계된 직업을 선택하자.

□ **우유부단형 : 어떤 직업을 선택할지 결정하지 못하는 유형**

뚜렷한 관심사와 노력이 없고 직업 선택을 망설이다가 시간만 보내는 유형이다. 아직 흥미와 적성이 있는 분야를 찾지 못했다면, 자기 이해와 자기 탐색에 도움이 되는 심리검사를 받는 것이 좋다.

□ **불충족형 : 흥미는 일치하지만, 자신의 적성 수준보다 낮은 직업을 선택하는 유형**

재미를 느끼고 있는 분야를 직업으로 선택했지만, 실제 자신이 가지고 있는 적성보다 낮은 적성의 직업을 갖는 것이다. 이런 경우는 직업 정보를 다시 검토한 후에 직업을 재선택 하는 것이 바람직하다.

□ **강압형 : 적성 때문에 선택한 직업이 흥미가 없는 유형**

자신이 잘한다고 생각했던 일을 선택했지만, 흥미가 없거나 의욕을 잃어버리는 경우다. 이런 경우는 흔치 않으나 한 직업에 오래 종사하다 보면 흥미를 잃을 가능성도 있다. 이럴 때는 자신이 원인을 분석한 후, 직업에서 동기 부여를 받을 수 있는 일과 관련된 취미를 갖거나 다른 분야의 흥미를 찾으면서 직업과 진로를 모색해 보도록 한다.

02

내 꿈이
막연하지 않을까?

학생 신분을 떠나 사회 진출을 앞둔 취업준비생뿐 아니라 재학생에게도 직업 선택은 가장 중요한 일이다. 하고 싶은 일이 정해져 있지 않으면 구직의 의무감과 마음의 부담감에 사로잡힐 것이다.

누구나 어릴 때 한 번쯤 자신이 꿈꿔왔던 일이 있었을 것이다. 하지만 틀에 박힌 환경과 입시제도는 우리의 사고를 바꾸어 놓는다. 어느 순간 명문대학을 목표로 공부하고, 대학을 진학하고, 그다음 취업의 관문을 위해 어학시험, 자격증에 시달린다. 남들이 하는 대로 따라서 살다 보면, 자신의 꿈이 무엇이었는지 조차 잊어버리기 쉽다. 나중에라도 하고 싶은 일을 결심한다 해도 왠지 늦었을 것이라는 판단이 들게 된다.

꿈이 현실의 장벽에 부딪힐 땐 어떻게 할까?

비교적 수능 성적이 우수했던 미진 학생은 서울 소재 대학의 교육학과에 진학하게 되었다. 미진이는 4년간 대학생활을 하면서 취업에 크게 신경쓰지 않았다. 그동안 해외봉사와 선교 활동을 하면서 선교사의 꿈을 키웠다. 그러나 졸업을 앞두고 미진이는 현실을 간과할 수 없었다. 주변과 부모님의 취업 압박이 조금씩 들어오기 시작하였다. 아이들을 가르치는 일은 즐거웠고 교육학과도 적성에 맞는 편이었지만 졸업 후 들어갈 수 있는 일자리는 한정적이었다. 교육 분야의 일이 싫은 건 아니었지만, 미진이는 자신의 꿈을 포기하긴 싫었다. 되도록 해외봉사와 선교와 연관된 직업을 갖고 싶었다.

그러던 찰나에 미진이는 우연히 항공사지상직(Ground Staff, 객실승무원을 제외한 공항 또는 항공사 본사/지사의 모든 분야에서 근무하는 직업)이라는 직업에 대해 알게 되었다. 기내 승무원과 달리 지상에서 고객의 여행을 안내해주고 서비스할 수 있는 일에 매력을 갖게 되었다. 항공사지상직에 취업하고 싶었지만 생각보다 요구되는 역량이 상당히 많았다. 기본적으로 영어가 능숙해야 했다. 영어가 부족한 미진이는 회화 실력을 높이려면 최소 6개월 이상을 준비해야 했다. 게다가 비전공자이고, 경력이 없어 취업에 불리한 편이었다. 항공사지상직 취업이 어렵게 되면 차선책으로 관련 분야인 여행사를 고려하기 위해, 현직 종사자를 찾아가 자문을 구했다.

마지막 겨울방학 때, 학교로부터 초등학교 계약직 교사 일자리가 들어왔다. 집하고 가까운 편이고 비록 계약직이지만 자신의 전공을 살릴 좋은 기회였다. 바로 면접을 응시했고, 합격 통보를 받았다. 취업이 확정된 상태였지만 항공사지상직의 꿈을 버리기엔 너무나 아까웠다. 초등학교 계약직 교사를 선택할 것인가? 아니면 꿈을 위해 포기할 것인가? 미진이는 고민을 해결하지 못한 채 상담을 요청해 왔다.

뚜렷한 명분이 있으면 도전하자

항공사지상직을 꿈꾸고 있는 미진이에게 냉정하게 현실을 판단할 필요성이 있다고 말했다. 직업 선택에서 자신과 연관된 현실은 외면할 수 없다. 당장 취업해야 하는 환경이라면 더욱 그렇다. 항공사지상직의 꿈을 위해 초등학교 계약직 교사를 포기하고 준비하는 것은 다소 위험한 선택이었다.

그렇다고 완전히 꿈을 포기하라는 것은 아니었다. 하고 싶은 일의 명분이 뚜렷하다면 계약직 교사를 포기하고 항공 지상직을 준비할 수 있다. 하지만 미진이는 명분이 없었고, 항공사지상직이라는 직업이 구체적으로 무슨 일을 하는지도 모른 채, 단지 좋아 보인다는 이유로 선택하려 했다. 직업 선택 시 흥미도 중요하지만, 직업은 좋아서만 할 수 있는 것은 아니다. 어떤 일을 해내는 힘. 즉, 역량이 수반되어야 주어진 업무를 제대로 수행할 수 있다.

나는 미진이에게 일단 주어진 기회를 잡으라고 말했다. 항공사지상직에 대한 확신이 없는 상태에서, 포기하는 것은 나중에 후회를 남길 가능성이 있다. 초등학교 계약직 교사로 근무하면서 진로에 대한 미래 계획 수립과 가능성을 찾아보는 편이 좋을 것이라고 조언해 주었다.

세상은 넓고, 도전할 가능성은 많다

사회 초년생이라면 아무것도 시작하지 않은 상태에서 자신의 모든 것을 판단하기엔 이르다. 정말 이 직업이 아니면 안 될 것 같지만, 의외의 분야에서 일하다가 적성을 발견할 수도 있으므로 다양한 경험이 필요하다. 자신이 부딪히면서 겪게 되는 경험은 앞으로 이직뿐만 아니라 전직轉職을 하는 데 있어 중요한 요소로 작용한다.

앞으로 자신이 하고 싶은 직업에 종사하고 싶다면 끊임없이 부딪치고 도전하는 것이 가장 기본이다. 하지만 도전으로만 끝나서는 안 된다. 이제부터라도 목표에 대하여 단계적으로 실행에 옮기도록 노력하자. 또한, 수동적인 자세로 일관하기보다는 적극적으로 정보를 찾고 다양한 경험을 하도록 해야 한다. 세상은 넓고 우리가 선택할 수 있는 폭도 넓다. 단지 찾으려 하지 않기 때문에 선택의 폭이 좁게 느껴질 뿐이다.

누구나 잠재되어 있는 무한한 가능성, 그것을 찾기 위해 노력하는 것은 자신의 몫이다. 뚜렷한 명분과 목표를 가지고 가능성을 향해 도전하자. 가능성을 찾기 위한 시간은 내가 원하는 일을 할 수 있게 만드는 발판으로 만들어 줄 것이다.

Tip 직업 선택할 때 4가지 검토사항

나는 과연 누구인가?

가장 먼저 해야 할 일은 자신이 누구인지를 판단하는 일이다. 자신이 어떤 장단점을 가지고 있으며, 어느 부분에 흥미가 있는지를 생각한다.

나는 무엇을 하기를 원하는가?

자신이 어떤 사람인지 분석이 되었다면, 이제는 무엇을 하기 원하는지 찾아야 한다. 단지 흥미만으로 하는 것이 아니라 직업으로 무엇을 하기 원하는지 알아야 한다.

나는 왜 그 일을 하기 원하는가?

흥미를 끄는 분야가 있다면, 왜 그 일을 하기 원하는 이유를 분석한다. 단순하게 그 직업이 좋아 보여서 선택하려 한다면 이유가 미흡하다. 무엇보다도 그 일이 나와 잘 맞는지, 그에 걸맞는 능력과 열정을 갖추었는지 등을 체크해야 한다.

내가 원하는 것을 어디에서 이룰 수 있는가?

만일 회사에서 품질관리 업무를 하고 싶다면, 구체적으로 어느 기업의 어떤 업종에서 품질관리를 할 것인지 고려한다. 품질관리 업무도 업종과 직무에 따라 다르다. 많은 청년들이 어떤 일을 하는지도 잘 모르고, 입사지원 하는 오류를 범하고 있다. 하고 싶은 일이 정해졌다면, 직업에 대한 구체적인 정보를 분석해야 준비가 수월하다.

03

스펙의 굴레에서 벗어나라

얼마 전에 대학교 2학년 후배 두 명이 찾아와서 학벌 고민을 털어 놓았다. 후배들은 둘 다 인지도가 낮은 지방대학에 다니고 있었다. 이들은 대학은 한 번에 합격하였지만, 현재 다니는 학교와 전공에 대한 관심이나 만족도는 전반적으로 불만족하다고 말했다.

후배들의 대학생활을 들으면서, 다음과 같은 사실을 발견할 수 있었다. 항상 학벌에 대한 스트레스가 결과적으로 학업에 충실하지 못하는 계기가 되었다는 점이다. 나는 후배들에게 학교가 인생 전반에 영향을 끼칠 만큼 모든 것을 좌우하는 것이 아니므로, 대학생활 동안 각 학년 별로 알맞은 여름방학과 겨울방학 계획을 세우고 학년별로 학업과 동아리, 취업 등의 구체적인 계획을 세워서 실천하라고 했다. 하지만 후배들은 이런 이야기를 별로 듣고 싶어 하지 않았다.

2학년을 마칠 때쯤, 그들은 다시 편입시험 공부를 하겠다고 했다. 서울권으로 입학하지 못하면 최소한 경기지역이나 인천지역의 대학에 편입하길

원했다. 지난해 3월 초 둘은 같은 편입학원에 등록해서 영어 공부를 시작했다. 나는 먼저 목표하는 학과를 정하고 준비할 것을 권유했다. 그렇게 해야 동기 부여가 되고 열심히 할 수 있을 것이라고 말했다. 안타깝게도 후배들과 상담하면서 느낀 점은 목표하는 학과조차 없이 준비한다는 점이다. 단지 졸업 간판의 학교를 바꾸고 싶다는 의지만 강해 보였다. 인지도 높은 대학에 진학하면, 단순하게 다른 경쟁 학생들보다 취업 조건도 어느 정도 유리할 것으로 착각하고 있었다.

명문 대학과 좋은 스펙이 인생을 보장하지 않는다

우리는 어릴 때부터 개인의 적성과 흥미보다 명문 대학 진학의 목표가 최우선이었다. 명문 대학은 곧 좋은 회사에 입사할 수 있고 성공할 수 있는 지름길이라고 수학공식처럼 배워 왔다. 이것은 대학생이 되어서도 크게 바뀌지 않는다. 소속한 대학이 만족스럽지 않다면, 재수나 편입을 해서라도 학교를 바꾸고 싶어 한다. 현재 자신에게 적합한 전공, 직업이나 적성을 중요하게 생각하기 보다는 명문 대학에 대한 강박관념이나 유혹에 사로잡혀 있다.

대학을 졸업하고 직장을 잡는다고 가정했을 때, 평생 직업을 이동하는 확률이 얼마라고 생각하는가? 평균적으로 3~5회 정도 된다. 평생 직장의 개념이 사라지면서, 이제는 직장 이동을 하면서 자신의 몸값을 높일 수 있는 나선형 경력 구조가 인기다. 최근에는 직장 이동 시기는 짧아지고, 퇴직 시기는 점점 앞당겨지고 있다. 현재 소속된 회사의 퇴직 시기를 제대로 가늠할 수 없다. 아무리 좋은 회사에 입사했어도 언제 경쟁 동료나 후배에게 떠밀릴지 모르는 불안한 현실 속에 살고 있다.

이러한 사회 현상을 반영하듯이 명문 대학과 우수한 스펙 요구는 학력 위주의 수많은 대학 졸업자를 양산했으며, 수요자인 기업과 공급자인 대학졸업자의 인력 수요가 어긋나 청년 실업률이 증가하는 원인이 되었다. 청년들이 국내에 원하는 회사는 한정되어 있다. 좋은 기업에 입사하기 위해서는 남보다 더 나은 경쟁력을 갖추어야 한다. 이로 인해 취업 경쟁 과열은 결국 직업이라는 본질을 보지 못하게 만드는 하나의 원인이다.

우리는 평생 일을 하지 않으면서 살 수는 없다. 그렇다고 대기업이나 공기업, 은행, 언론사 등에 입사하는 것이 빠른 성공의 길은 아니다. 왜냐하면, 지금도 대기업에서 쏟아져 나오고 있는 베이비붐 세대의 퇴직 대란과 조기 퇴직은 대기업과 공기업이 직장의 전부가 아니라는 것을 보여 준다. 직업은 이제는 직장이 아닌 어떤 직업에 종사하고 있는가가 중요하다. 누구나 직장은 바뀔 수 있지만, 직업은 그렇지 않다는 점이다.

자신의 가치를 높이는 것이 핵심이다

많은 대학생이 아직도 자신의 진로와 직업관을 정립하지 못하거나 미루는데, 사실은 대학교 1학년부터 준비를 해야 한다. 이것은 지방대생뿐만 아니라 명문대생도 마찬가지다. 명문 대학을 나온다 해도, 진로가 보장된 것은 아니므로 '명문 대학 = 취업'이라는 성공 방정식은 옛 말에 불과하다. 아무리 우수한 대학을 나와도 학교 간판만 믿고 제대로 준비를 하지 않는다면, 새로운 사회생활을 멋지게 시작하기 어렵다. 기업은 명문 대학의 인재가 아니라 회사가 요구하는 역량에 맞는 적합한 인재를 원하고 있다.

그러므로 지금은 개인의 능력을 인정받는 시대이다. 직업이라는 본질에 주목하자. 앞으로의 시대는 개인의 개성과 능력을 보여주는 나의 브랜드 가치가 인정받는 미래가 가까이 다가오고 있다.

04

대학원은 취업 도피처가 아니다

'처음'이라는 말은 설레임, 열정, 희망이 연상된다. 난생 처음으로 입사 준비를 시작할 때만 해도, 무엇이든 할 수 있다는 자신감에 넘친다. 하지만 지원했던 기업들에서 불합격 소식은 삶의 의욕이 저하되기 쉽고 자신감이 사려져 간다. 또한, 주위 사람들의 대학원 권유는 마음이 흔들릴 수밖에 없게 만든다. 졸업 예정자들은 취업과 대학원 진학을 놓고 갈등하는데, 혹시라도 취직이 안 되면 준비 기간을 확보하기 위해 대학원에 진학해야겠다는 학생도 생긴다. 정작 자신이 사회에서 하고 싶은 분야의 일보다 불확실한 미래를 잠시 모면하기 위한 대안으로 대학원 진학 여부를 고민하게 된다.

한편으로는 취업준비생 가운데 간혹 타인과의 비교 의식에 사로잡힌 이들을 발견한다. 이왕이면 친구보다 못한 회사에 취업하고 싶지 않은 자격지심이다. 특히 자신이 들어보지도 못한 중소기업에 다닌다는 이야기를 하는 것 자체를 부끄럽고 싫게 여긴다. 특히 취업난을 겪는 지방 대학생은 고민이 심각하다. 4년제를 다녀도 편입에 성공하지 않는 이상, 학교를 바꾸기가 쉽지 않기에 학력을 높이려고 대학원 진학을 고려한다. 하지만 대학원을 진학한다 해도, 전문화된 전공이 아닌 이상 현실은 쉽지 않다. 단순히 스펙을 위한 수단으로 대학원에 진학하는 것은 바람직하지 않다. 대학원 진학은 학부 과정에서 전공에 대한 부족함을 느끼거나 또는 좀 더 깊이 있는 학문을 배우려는 자세로 진학해야 한다. 먼저 진학한 선배들의 조언과 담당 지도교수와의 면담을 통하여 학문에 대한 열의를 가지고 배울 것을 권한다.

대학원 진학 이게 옳은 길일까?

다음은 우진 학생의 사례를 살펴보자. 4년제 미술대학에 졸업생 우진이는 졸업 후, 교육대학원에 입학하여 작품 활동을 하면서 미술 교사 임용을 준비하기 원했다. 대학원은 어렵지 않게 진학할 수 있었지만, 문제는 자신이 생각했던 대학원과 현실은 많이 달랐다. 대학원을 졸업하면 교원 자격증을 취득할 수 있지만, 임용 시험 합격이 보장되는 것도 아니었다. 우진이는 석사 2학기로 대학원에 다니고 있지만, 다른 대학원의 석사 진학을 고민 중이라고 털어놓았다. 더 늦기 전에 다른 길을 찾아보겠다는 것이었다.우진이는 현재 섣불리 진학한 대학원이 후회된다고 말했다.

우리나라는 고등학교 졸업 후 80퍼센트 이상이 대학 진학자다. 요즘은 대학 졸업은 기본이 되었고, 전문성을 갖추고 진로의 폭을 넓히거나 취업 준비 기간을 확보하기 위해서 대학원을 진학하는 학생이 늘어나고 있다.

대학원을 선택할 때도 전공과 차후의 직업에 대한 고려보다는 학교 인지도, 교수, 전문성 등을 중시할 수가 있다. 다시 한번 내가 왜 대학원에 들어가려 하는지 물어보자. 필요한 당위성, 또는 기타 다른 이유가 있어야 한다.

대체로 대학원의 전공은 학부 전공과 연계하여 선택하는데, 전공에 대한 막막함으로 우진이의 사례와 같이 휴학 후에 다른 대학원으로 진학 고민을 하는 이들도 적지 않다. 현재 대학원에 대한 확실한 명분이 없는 상태라면, 취업 후에 진학해도 늦지 않다. 신중하지 못한 선택은 비싼 등록금과 시간 낭비의 결과를 초래한다. 요즘은 직장인들을 위해 평일 야간이나 주말에 학과가 개설된 대학원이 늘어나는 추세다. 직장인을 대상으로 한 대학원의 장점은 실무에서 느끼는 부족함을 보충해주거나 경력을 한 단계 올려준다. 물론 직장인 대상 대학원이 시간제라는 특성 때문에 풀타임 석사 과정에서 배우는 학문의 깊이가 부족하다는 점도 있다. 그러나 직장인의 대학원 진학 목표가 전문성 강화 및 경력 개발이라는 점에 비추어봤을 때, 대학 졸업 후 바로 진학하는 대학원과는 마음가짐 자체가 다르다.

국내의 여러 사이버대학원도 진학을 고려해볼 만하다. 사이버대학원의 장점은 저렴한 학비, 훌륭한 교수진, 수업의 질도 높고, 기타 시스템도 잘 갖춰져 있다. 학교에 가기 힘든 직장인이나 학비 부담을 덜고 공부하려는 사람들이 선호하고 있다. 사이버대학원은 수료 후 일반 대학원의 석사 과정과 같은 자격이 주어진다.

마지막으로 현재 석·박사 통합 과정에 재학중인 재경 학생의 사례를 살펴보자. 재경이는 대학 시절부터 성적표에 전부 A+를 받을 정도로 우수한 학생이었다. 담당 교수는 재경이를 놓칠 수 없었다. 교수는 졸업 전에 재경이에게 석·박사 통합 대학원을 권유했고, 학비 부담을 느끼지 않게 전폭적으로 장학금을 지원해 주겠다고 했다. 교수의 말만 믿고 석·박사 통합 과정에 지원한 재경이는 박사 과정을 해야 한다는 부담감이 있었지만, 열심히 공부했다. 그러나 석·박사 통합 과정 중에 1년 정도 휴학을 했다. 교수는 휴학 기간에도 조교 일을 할 수 있도록 일자리를 제공해 주었다. 그러나 박사 과정을 하면서 재경이는 점점 불안해졌다. '만일 박사까지 마쳤는데 취업이 되지 않는다면 어떻게 하지.' 처음에는 지도 교수만 믿었지만, 실상은 그렇지 않았다. 지도 교수는 박사 과정이 끝나면 네가 가야 할 길은 스스로 개척해야 한다는 식으로 말을 했다. 재경이가 선택한 전공은 특수한 전문성을 가지고는 있으나 국내에는 취업 분야가 많지 않았고, 세분된 전공은 오히려 진로 선택의 폭이 좁게 느껴졌다. 현재 박사 과정이 얼마 남지 않은 재경이는 진로를 가까운 친구와 선배들의 경험을 들으며 조언을 구하고 있다.

재경이의 사례는 현재 우리 청춘이 처한 고학력의 문제를 단적으로 보여주고 있다. 많은 청춘들은 그래도 최소한 대학원은 나와야 이력서에 도움이 되지 않을까 하는 막연한 환상에서 벗어나길 바란다.

최근 정부는 학력 인플레이 심화 현상에 따른 청년실업률 증가로 인하여, 청년 실업률 해소를 위한 목적으로 학력제한 폐지제도와 함께 고졸 채용을 기업과 공공기관으로 확산시키고 있다. 앞으로도 이러한 정책과 추세가 지속될 전망이다. 이렇듯 학력만으로 인정받는 시대는 점차 사라지고 있다. 지금 대학원 선택의 상황에 놓여있다면 좀 더 신중하게 진학을 결정하도록 하자.

05

공무원 시험
준비 후의 막막함

가을 단풍처럼 고은 빛의 노을이 지는 어느 날이었다. 얼굴에 어두운 표정을 한 여성이 상담을 하러 조심스레 들어왔다. 간단한 개인 신상을 확인하고 관련된 내용을 상담해 주었다. 나이 스물 여덟살, 전문대 졸업, 인력 아웃소싱 파견 업무 1년, 퇴사 후 5년의 공백기를 가진 이력을 확인하였다. 이력만 보아도 그동안 다른 시험 준비에 몰두했을 것 같다는 예감이 들었다.

"1년간 인력 아웃소싱 업체에서 파견직으로 근무하다가, 공무원이 되고 싶어서 직장을 그만두게 되었어요. 그 당시 잘한 선택이라고 생각했어요. 공무원 준비 기간 동안 경제 활동은 할 수 없었고, 도서관과 집만 드나들었던 것 같아요. 공무원 시험이 어려운 줄은 알았지만 5년 가까이 하면서 불합격으로 희망이 보이지 않았어요. 그래서 관련된 분야의 자격증을 취득하고, 취업하려고 합니다."

여성은 어렵게 말문을 열었지만, 얼굴에는 초조한 마음이 느껴졌다. 처음 준비를 시작했을 때는 잘될 것 같았지만, 반복되는 불합격에 말도 못할 정도

의 스트레스에 시달리며 지낸 것이다. 최근엔 다시 시작하려고 용기를 내고
행복한 결혼 준비로 바쁘게 보내고 있다고 했다.

준비 기간이 취업 공백기로 남는다

지금도 많은 청춘들이 한정된 공무원에 눈을 돌리고 있다. 대졸자의 상당
수가 공무원 시험에 몰두하고 있는데 공무원은 불안한 고용시장에 안정적
이라는 점과 학벌의 영향이 없어서 가장 큰 매력 요소 중 하나이다.

그렇지만 현재 공무원직은 어려워진 시험 난이도와 심한 경쟁률로 합격이
어렵다. 평균 백 대 일이 넘어가는 치열한 경쟁으로 평균 3년 이상은 준비한
다. 적지 않은 기간이 필요한 만큼 실패에 대한 대비가 없으면, 취업 공백기
도 늘어나게 된다. 유념해야 할 것은 공무원 준비는 때로는 기회가 주어지는
취업과도 멀어질 수 있다. 또 인기직종이라서 도전하기 보다는 나의 적성에
맞는 선택인지, 어떤 일을 하며, 공직을 통해 인생에서 어떤 꿈을 이루고 국
민과 국가에 대해 무엇을 할 것인가 등도 한 번쯤 생각해 볼 필요가 있다.

목표 없이 시험을 준비하지 마라

정작 진로를 정할 때, 자신의 생각보다는 주변인들의 인식이 가장 많은 영
향을 미친다. 외적으로 보이는 공무원의 모습만 보고 판단해서는 곤란하다.
외부에서 바라보는 공무원은 육체적, 시간적 근로 부담이 적으며 고용이 보
장되어 정년 퇴직할 수 있는 안정적인 직업이라고 생각한다. 그러나 공무원
이 결코 상상하는 것처럼 쉽고 편한 직업은 아니다. 공무원 업무는 체질적으
로 꼼꼼하지 않거나, 기본적인 여러 민원 대응능력이 부족하면 적성에 맞지
않을 수도 있다. 지인 중에도 몇 년간 준비하여 공무원이 되었지만 적성에
맞지 않아, 결국 얼마 근무하지 못하고 다른 일을 찾는 경우도 있었다.

현재 공무원을 준비하거나 꿈이 있다면, 단지 누군가의 추천으로 하는 것이 아니라 공무원을 선택하는 이유와 뚜렷한 사명감과 목표를 가지고 준비해야 한다. 가볍게 생각하고 신중하지 못한 선택은 나중에 후회만 남길 수 있다는 점을 기억하자.

많은 20, 30대가 공무원 준비 과정에서 실패와 좌절감을 맛보고, 흘러가버린 시간으로 방황하는 사람들이 많다. 부족한 직업 정보와 한순간의 잘못된 판단으로 진로의 최선이 공무원이라는 편견을 버려야 한다.

실패는 하나의 과정이다

정말 이제 더는 시기를 미룰 수 없어 일자리를 찾아야 하는 상황이라면 마음을 잡고 준비에 온 힘을 다하자. 많은 사람이 공무원 준비에 몰두해 보았고, 실패 경험을 발판으로 새로운 직장에 들어가 성공한 사례도 많이 있다. 스스로 먼저 조급한 마음을 버리고 냉정하고 현명하게 자신을 생각해 보자.

누구나 먼저 자신감을 가지는 것이 중요하다. 미국의 빌 게이츠는 '성공을 자축하는 것도 중요하지만 실패를 통해 배운 교훈에 주의를 기울이는 것이 더 중요하다'라고 말했다. 우선 내가 몇 번의 실패 때문에 실패자라는 생각을 벗어야 한다. 그다음 진로에 대한 도움을 얻을 수 있는 사람이나 해당 기관에 상담을 요청하자. 정부기관의 고용센터나 정부에서 지원하는 취업센터를 통해서도 무료 직업훈련이나 도움을 얻을 수도 있다. 자신의 현 상황과 문제를 진단하여 진로 분야를 정해야 한다. 혼자서 자신의 생각으로만 준비하기보다는 관련 기관의 도움을 얻는 것이 가장 현명한 지름길이다.

06

졸업 연기,
잘한 선택일까?

현재 우리나라 청년실업자는 100만에 이른다. 대학졸업자 양산이 가장 큰 원인이다. 특히 졸업자는 재학생보다 취업에 어려움을 겪는다. 기업에서 졸업자보다는 졸업예정자를 선호하기 때문이다. 졸업 전에 취업이 안 되면, 이력상에 재학생 신분을 유지하기 위해 수단과 방법을 가리지 않고 졸업 연기를 하려고 애를 쓴다.

막상 졸업 연기를 하더라도 100퍼센트 취업이 된다는 보장이 없다. 많은 이들이 이 사실을 모르는 건 아니다. 그렇지만 자신이 목표한 회사의 입사를 위해 마지막으로 선택할 수 있는 것은 졸업 연기라는 최후 관문만 남아 있을 뿐이다. 졸업 연기를 하고 나서 대부분 더 높은 토익점수, 자격증, 인턴, 대외 활동 등으로 시간을 보낸다. 처음엔 연기를 선택했을 때는 충분한 시간이 있는 것처럼 느껴지지만 눈 깜빡할 사이에 상반기가 지나간다. 상반기의 홍역을 치르고, 상반기의 미련을 버리고 하반기를 준비하는 자신을 발견하게 된다.

취직을 목표로 정신없이 한 해를 보내고 나면, 허탈하다고 느낄 것이다. 합격이 될지 안 될지도 모르고 밤낮으로 작성하는 입사지원서, 취업 스터디에도 불구하고 쓴맛을 느껴야 하는 청춘들의 하루는 고단하기만 하다.

졸업 연기를 하려는 합당한 이유

많은 학생들이 지금도 휴학이나 졸업 연기의 선택의 갈림길에 놓여 있을 것이다. 최근 대학가는 졸업 예정자의 졸업 연기를 위한 졸업유예제도가 마련되어 있다.

하지만 졸업 연기를 하더라도 철저한 준비와 노력이 수반되지 않는다면 의미 없는 시간이 될 수도 있다. 어문계열 전공자인 재진 학생은 졸업학기에 취업이 되지 않자, 졸업 필수 과목을 일부러 미이수함으로써 가까스로 졸업 연기를 할 수 있었다. 졸업 연기 후에는 취업카페를 통해 알게 된 취업스터디에 참여했고, 영어는 기본만 하자는 목적으로 학원은 등록하지 않고 혼자 공부했다. 학원이나 취업스터디를 가지 않는 날에는 집에서 입사지원서를 부지런히 작성했다.

처음에는 의욕이 충만했지만, 이상하게도 시간이 흐르면 흐를수록 지쳐갔다. 큰 문제는 1차 서류전형조차 합격하지 못하게 되었다. 또한, 서류 심사에서 탈락하는 이유를 알지 못했다. 면접이라도 보러 다니면 부모님의 눈치가 덜 할 텐데, 서류 심사의 불합격과 집에서 조금씩 압박이 시작됐다. 불합격의 고배를 마실수록 신경질적으로 변하는 자신의 모습을 느낄 수 있었다.

대체로 집에 거의 혼자 있는 날이 많아 무기력하게 보내거나, 10시간 넘게 잠을 자는 날도 부쩍 늘어났다. 부모님은 그만 놀고 아무 회사나 들어가라고 권유했지만, 아무 곳엔 취업하고 싶진 않았다. 화가 나고 스트레스 받을 때는, SNS에서 모르는 사람들과 신세 한탄을 하면서 스트레스를 풀기도 했다.

그렇게 6개월 가량 시간을 보냈고, 언젠가는 자신을 알아줄 기업이 있을 거라고 믿으며 포기하지 않고 입사지원서를 작성했다.

졸업을 연기한 친구들의 하루 패턴은 위 사례와 같이 유사하다. 가고 싶은 기업의 인재로서 갖추어야 할 스펙은 있어야 한다는 생각으로 취업스터디, 영어, 자격증 준비를 하지만 토익점수를 750점에서 800점으로 올린다고 해서 취업의 좁은 문이 크게 달라지지 않는다는 것을 느낄 것이다.

지원자들은 대동소위할 만큼 큰 차이를 보이지 않는다. 위의 사례로 설명한 어문계열 전공자인 재진이의 경우, 직무와 상관없이 전공 무관으로 뽑는 회사만 지원한 결과, 서류조차 합격하지 못하는 상황이 발생한다. 많은 이들이 직무에 대한 충분한 검토 과정과 이해 없이 회사만 보고 지원하면 불합격의 아픔만 맛볼 수 있다.

단순히 회사의 취업을 목적으로 하는 것이 아니라 지원직무와 관련된 자신의 경험과 능력이 자기소개서 등이 차별성을 지녀야 한다. 다른 지원자와 유사한 흔한 문구, 짜 맞춘 느낌, 개연성 없는 스토리는 등은 휴지통으로 직행하기에 십상이다.

졸업을 연기할 계획이라면 이에 합당한 이유를 부여하자. 연기를 함으로써 생기는 실질적인 유익에 대해 살펴보고 또한, 확보된 시간을 활용하기 위한 구체적인 계획을 수립해야 한다. 시간 활용을 어떻게 하느냐에 따라 인생이 달라질 수 있다. 그렇다고 자신이 선택한 결정에 두려워하거나 걱정할 필요는 없다. 취업과 진로는 결국 자신이 해결해야 할 사회 초년생의 첫 관문이다.

졸업 연기를 선택하기 전에 마음가짐과 자세를 테스트하기 위한 문항이다.

□ 졸업 연기 후 발생하는 장단점을 잘 알고 선택한다.

□ 나의 취약한 분야를 잘 알고 있다.

□ 나는 취업 실패 요인을 정확하게 알고 있다.

□ 목표 회사, 목표 직무와 나의 역량의 차이가 어느 정도인지 알고 있다.

□ 역량 차이를 극복하기 위한 시간과 계획이 세워져 있다.

□ 졸업 연기 후 얻게 되는 시간을 충분히 활용할 자신이 있다.

□ 꼭 취업에 성공하고 싶은 회사가 있다.

□ 지원하려는 분야가 뚜렷하다.

□ 지원 분야의 직무 분석을 충분히 알고 있다.

□ 졸업 연기 후 취업에 실패해도 대응책이 마련되어 있다.

□ 취업 의지와 정신력이 강한 편이다.

□ 남의 도움을 받지 않고 혼자서 취업을 할 수 있는 마음가짐과 자세가 되어 있다.

07

졸업 후 진로를
고민하지 마라

친구들과 캠퍼스에서 누렸던 학생 신분의 특권과 자유, 행복한 추억을 남기고 졸업하면 이제 더는 학생이 아니며 사회에 속해야 할 존재가 된다. 시간이 많다고 절대 여유롭지 않으며, 오히려 학생 때보다 시간이 빠르게 흐름을 느낄 것이다.

많은 청춘이 졸업 후 학원이나 도서관을 오가며 구직 준비로 시간을 할애하는 것 같지만 실제로 안일함과 나태함에 젖어 사는 청춘들도 많다. 미래에 대한 준비 부족은 살아가야 할 날에 대해 또다른 질문의 시작이다.

동창회에 참석하거나 입사한 친구들을 만나면 반갑지만, 한편으론 마음이 불편하다. 어느 때는 연락받기가 부담스러워 전화가 와도 꺼놓거나 알면서도 받지 않은 경험도 있을 것이다. 지갑에 금전도 여유롭지 못하고 취업 후 당당해 보이는 친구 앞에서 자신이 초라하게 느껴지기 때문이다. 대체로 비슷한 처지에 있는 친구들을 만나면, 한 잔의 커피와 함께 신세를 한탄하며 푸념을 늘어놓는다. 일시적인 스트레스는 풀리는 것 같아도 오히려 마음만 공허해진다. 같은 집단에서 느끼는 동지애는 그 순간일 뿐이다.

재민이는 서울 소재의 대학 일문학과를 졸업했다. 재학 중에 성적이 우수한 편이라 학교에서 지원해주는 교환학생 프로그램에 선정되어 일반 대학의 학위도 복수로 취득하였다. 학위에 대한 자신감도 있었고, 졸업하면 무역 관련 분야에 자연스럽게 취직할 줄 알았는데 현실은 달랐다.

기본적으로 무역 분야로 취업하려면 일어뿐 아니라 영어도 능통해야 한다는 사실을 미처 몰랐다. JPT 1급 자격은 있었지만, 학위와 자격증은 무용지물이나 다름없었다. 영어를 단기간에 늘리기는 어려워, 무역 분야가 아니면 일반사무직이라도 준비하려고 일자리를 알아봤지만, 컴퓨터 자격증조차 없어 지원이 어려웠다. 대학생 때 안일하게 생각한 것이 너무 후회되었다. 졸업한 해의 상반기는 별로 아무것도 하지 못하고 시간을 보냈다.

여름이 지나고 이래선 더는 안 되겠다는 생각이 들어, 고민 끝에 정부에서 지원해주는 고용노동부의 취업성공 패키지제도에 등록했다. 다행히 정부에서 직업훈련에 대한 비용 전액을 지원받아 금전적인 부담은 없었다. 하지만 재민이는 또다시 마음이 안일하고 무기력해지는 것이었다. 제대로 된 공부를 하지 못한 재민이는 결국 직업 훈련을 수료하지 못하고 중도에 하차하게 되었다.

졸업 후 공백기가 길어지면, 마음을 잡기 어려운 것이 사실이다. 안타까운 것은 마음조차 잡지 못해 시간만 보내고 있는 청춘들이 많다. 재민이와 같이 직업 정보가 어두워 대학 시절에 충분한 준비를 하지 못한 예도 있다. 자신이 생각했던 준비가 잘못된 방향이라는 생각이 들어 다시 시작해야 하는 순간에 오히려 그대로 머무르는 상황이 생길 수 있다.

명심해야 할 것은 흘려보낸 시간에 미련을 두지 않아야 한다. 위와 같은 상황을 극복하려면 떨어진 자존감 회복과 무기력증을 타파하는 것이 급선무다. 휴식을 취하며 구직을 너무 급하게 서두르지 말자. 자신이 어떤 마음 가짐을 가지고 준비하느냐에 따라 또다른 목표가 주어질 것이다.

Tip 졸업 후 이용할 수 있는 정부 지원 제도

청년층 YES 프로그램(www.work.go.kr/yes/)

졸업 후 6개월 이상 미취업 상태라면 누구든지 신청할 수 있다. 고용노동부의 청년층 YES 프로그램은 1단계 : 진로 계획 수립, 2단계 : 직업훈련(200만 원 지원), 3단계 : 취업으로 이루어진다. 프로그램의 장점은 전부 국가에서 무료로 직업훈련과 취업을 지원해준다는 점이다. 신청은 자신이 거주하는 거주 지역 관할고용센터에 신청하면 된다.

내일배움카드제/국가기간 전략산업 직종 훈련(www.hrd.go.kr)

고용노동부에서 시행하는 직업훈련으로 내일배움카드제와 국가기간 전략산업 직종 훈련이 있다. 내일배움카드는 국가 지원으로 최대 75퍼센트까지 고용노동부에서 지원받을 수 있다. 국가기간 전략산업 직종 훈련은 인력이 부족한 직종을 양성하는 교육으로, 훈련비와 훈련 수당을 전액 지원을 받을 수 있다.

월드잡(www.worldjob.or.kr)

국내 미취업 청년 등 대상 맞춤 해외 연수 확대를 통한 취업 국가와 직종 다변화를 추진하기 위해 생긴 한국산업인력공단의 사업이다. 해외 구인업체 적극 발굴 및 취업 알선, 해외 연수 실시, 글로벌 인재양성 사업 연계 지원의 세 가지 서비스를 제공하고 있다. 참가자에게는 조기에 현지 국가에 적응할 수 있도록 현지 적응 서비스를 제공하고, 자체 해외취업 센터를 운영하고 있다.

08

혹시 나도
졸업 우울증 모드

　모든 대학이 2월과 8월은 졸업으로 분주하다. 졸업식 날에 학교에서 대여해준 학사모를 쓰고, 4년간 함께 했던 동기들과 정든 교수님과 기념 촬영을 한다. 몇몇 입사한 동기는 회사에 허락을 받고 졸업식에 참석하지만 아직 준비하는 자들은 취업한 동기들과 동떨어진 세계에 있는 기분이 든다.

　언젠가부터 대학은 돈을 주고 학위 증서를 받는 곳이라는 말이 생겨날 정도로, 학력 인플레이 현상은 심화되고 있다. 최근 졸업식은 대학생들의 취업난을 반영하듯이 졸업식에 참여하지 않은 학생들이 30퍼센트 이상이 넘는다고 한다. 졸업의 기쁨과 동시에 누려야 하는 불편한 마음을 느껴보았는가? 그렇다면 자신도 졸업 우울증일지도 모른다.

　매년 60만 명의 대학 졸업자가 사회인이 되지만 기업이 뽑는 인원은 정해져 있고, 해마다 나오는 졸업자와 취업 재수생으로 인하여 점점 어려워지고 있다. 이로 인해 학창 시절에는 학생이라는 명분이 있었지만, 이제는 아무런 소속감이 없고 아무 일도 안 하고 있으면 백수라는 딱지만 붙을 뿐이다.

이렇게 졸업 후 취업 압박이 시작되면 탈출구를 찾기 마련이다. 일부는 학업을 핑계로 대학원을 진학하거나 부모님과 주변의 눈초리를 피해 도서관이나 학원에서 공부한다. 얼마 전에 4년제 대학에 다니는 성우는 몇 번의 취업 고배를 마신 뒤로 졸업을 선택했다. 성우에겐 졸업의 기쁨 따위는 없고 이젠 앞으로 자신이 헤쳐나가야 할 길만 생각하면 앞이 캄캄했다.

성우는 졸업 전부터 어학 학원에서 토익을 공부했다. 일단 토익이라도 점수를 올려놓으려고 했다. 하지만 공부가 잘 되지 않고 점점 미래에 대한 불확실함이 머릿속에 밀려 들며 깊은 한숨만 쌓여 갔다.

긍정적인 생활 태도를 가져야 한다

일상에서 반복되는 실패는 상실감, 사회적 박탈감, 자신감 저하로 심각한 경우 우울증이 찾아오기 쉽다. 준비를 하다 보면 계획대로 잘 풀리지 않을 확률이 더 높다는 점을 인식하자. 또한, 입사라는 결과에 집착하게 되면 실패하게 됐을 때의 좌절감을 극복하기 어려울 수도 있다. 특히, 같이 구직 활동을 했던 주변 사람들이 취업할수록 상대적 박탈감은 심해지고 실패에 대한 대응책이 미비할수록 우울증에 걸릴 확률이 높다.

우울증 모드에서 탈피하려면 항상 규칙적인 식생활 습관을 가지고 가벼운 운동을 하며, 밤에는 충분한 수면을 취하여야 한다. 우울증 예방에 좋은 대표적인 다섯 가지 음식 호두, 시금치, 감자, 달래, 우유를 섭취하는 것도 도움이 될 것이다. 호두는 정신불안증을 해소해 주며, 시금치는 신경안정에 효과가 있다. 감자는 비타민 C가 풍부하고 장기에서 생성되는 부신피질호르몬은 우리의 몸을 스트레스로부터 지켜주는 역할을 하여 신경안정제로 좋다고 한다. 달래는 비타민과 무기질이 골고루 함유되어 있어 신경안정제로 좋고, 우유는 칼슘 성분이 있어서 중추신경의 기능을 촉진시키고 신경과 흥분을 진정시키는 작용으로 매일 마시면 우울증 예방에 효과가 있다고 한다.

한편으로는 항상 긍정적인 사고 방식을 가져야 한다. 구직 활동에서 긍정적 사고는 인생에 상당한 영향을 끼친다. 기업은 긍정적인 태도와 적극적인 사고를 하는 인재를 선호한다. 서류 합격률은 높은데, 면접에서 떨어지는 사람을 분석해보면 자신감이나 적극성이 빠져 있는 경우가 많다. 취업 때문에 자신을 비하하거나 절대 탓하지 말자. 그리고 될 수 있으면 혼자 있는 시간은 줄여야 한다. 온종일 실내에 있기보다는 가벼운 운동과 야외 활동으로 활력을 찾는 것이 바람직하다.

자신만의 스트레스 해소 방법을 찾자

2012년 H그룹에 공채로 입사한 후배 재진이는 자신이 목표한 기업에 줄줄이 떨어지는 힘든 시기가 있었다. 그럴 때마다 자신이 취미로 삼았던 자전거를 타고 2시간 가량 한강 주변을 돌면서 바람을 쐬었다. 한강공원의 시원한 바람은 그동안 쌓인 스트레스를 날려주는 듯했다.

준비 기간에 틈틈히 자전거 대회도 참가하면서 생활의 활력을 찾으려고 스스로 노력했다. 자전거는 재진이에게 스트레스 탈출구였던 셈이다.

재진이는 자신감이 넘치고 긍정적인 사람이었다. 자신의 실패를 결코 부정적으로 생각하지 않았다. 다음에 잘하면 된다는 생각을 하고, 실패에 대한 기억은 최대한 잊으려고 했다. 재진이의 긍정적 사고와 활동적인 면은 나중에 임원 면접에서 좋은 점수를 받을 수 있었다. 쉽게 좌절하거나 포기하지 말자. 여기서 쓰러져 일어나지 못하면 다른 어떤 것도 할 수가 없다. 내가 가진 것이 무엇인가 생각해 보자. 정말 가진 것이 아무것도 없는 것일까? 그렇지 않다. 청춘에게는 다른 세대에게는 부족하거나 찾기 힘든 청춘, 꿈, 희망, 열정, 그리고 잠재된 도전의식을 가지고 있다. 이것을 무기로 하여 앞으로 나아갈 수 있는 원동력이 되어야 한다. 이 요소들을 필요할 때마다 마음속으로 100퍼센트 충전하라. 지금 이순간 생각과 마음가짐만 바꿔도 하지 못할 일이 없는 것이다.

내가 제일 좋아하는 노래가 있다. 한 때는 유행했던 황규영 가수의 〈나는 문제 없어〉라는 노래 가사 중에 이런 말이 있다. ‘많이 힘들고 외로웠지. 그건 연습일뿐야 넘어지진 않을 거야. 나는 문제없어.’ 이 노래 가사는 어려울 때마다 내 삶에 위로와 힘이 되어 주고 있다.

마음의 중심을 잡아야 한다

졸업 후 마음에 중심을 잃으면 무슨 일을 하더라도 무언가 해내고 있다는 성취감을 가질 수 없다. 매 순간 마음의 고요가 찾아오기보다는 혼란스러워지는 것이다. 어딘가 모르게 불안하지만 왜 그런지는 알 수 없다. 단지 취업 때문인지 다른 이유로 불안한지 모른다는 점이다. 어떤 것을 하더라도 제대로 해내지 못하다는 느낌을 받는다. 즉 이렇게 자신이 중심을 잡지 못하면 진로뿐 아니라 모든 것을 뒤흔드는 일이 된다.

나에게는 현재와 미래에 대한 목표가 있는가? 나의 중심은 무엇인가? 결코, 중심과 목표를 잃지 않아야 한다. 그리고 자신의 우선 순위를 점검하고 정리하여 세부적인 목표를 정하는 것이 좋다. 마지막으로 목표를 이뤄낼 수 있도록 스스로와 약속이 필요하다. 때로는 급하게 달려가야 하기도 하지만 가끔씩 구직에 연연하지 말고 내일을 위해서 적절한 휴식을 취하는 것도 소홀히 해서는 안된다. 이제 인생의 큰 바다를 건너는 항해의 닻을 올렸다고 생각하자.

09

나에게 찾아온
취업 무기력증

많은 입사 준비 과정 속에 몇 시간 동안 작성한 입사 지원서가 휴지조각이 되어버렸던 경험이 한두 번이 아닐 것이다. 떨리는 마음으로 확인한 채용 결과가 화면에서 불합격 단어를 보는 순간 심장이 멎는 듯한 기분이 든다. 매번 다시 한번 잘하려고 생각했던 다짐은 자신을 더욱 작게 만들기도 한다. 심한 경우는 인생이 귀찮아지게 여겨지는 귀차니즘의 상태가 오기도 한다. 특히 기졸업자나 졸업 유예 상태라면, 쉽게 무기력증에 빠질 확률이 높다.

"왜 이리 몸이 무겁고 힘들지? 몸이 좀 안 좋은 것 같아."

"집에서 나가기도 싫고."

"그냥 좀 쉬고 싶다."

무기력증은 우울증뿐 아니라 대인기피증까지 동반하는 경우도 있다. 구직 기간이 늘어날수록 이와 같은 무기력증 현상이 나타나는데, 어떤 이들은 아예 구직을 아예 포기하기도 한다.

4년제 수도권 대학의 패션디자인을 전공한 도원이는 원래부터 지병이 있었다. 그러다 졸업 직전 학기에 지병 완치를 목적으로 1년 휴학계를 냈다. 그러나 수술 후 1년이 지나도 차도를 보이지 않자 1년을 더 휴학 연장을 하게 되었다.

도원이에게 2년이라는 시간은 암흑과도 같았다. 계속 병원 신세를 져야만 했고 2년 휴학을 마치고, 더는 휴학 연장이 불가피해 복학을 하였다.

2년 후 돌아온 학교는 신세계처럼 보였다. 2년 이상 차이나는 후배들은 이미 인턴과 준비로 마지막 학기를 바쁘게 보내고 있었다. 도원이는 다행히 교수의 추천으로 서울에 있는 패션 회사에 면접을 볼 수 있었다. 다른 면접자는 포트폴리오를 지참한 상태였지만 급하게 면접을 준비한 도원이는 포트폴리오가 없어 면접에서 애를 먹었다. 차라리 면접이라도 안 봤으면 자신감 상실이 덜 할 것 같은데, 면접을 보고 나니 마음만 더 뒤숭숭해졌다.

도원이는 더는 졸업을 미룰 수도 없었다. 당장 어학 공인 점수도 올려야 했지만, 공부는 손에 잡히지 않았고 의욕조차 생기지 않았다. 2년이라는 병원 생활이 원망스럽기도 했고, 새로운 시작을 하기엔 너무 늦어버린 것은 아닐까 하는 생각에 우울해졌다.

Tip 무기력증 원인 테스트

□ 방금 했던 일도 잘 기억이 나지 않고, 집중력이 계속 감퇴한다.

□ 가슴이 답답하며, 이유도 없는 불안감을 자주 느낀다.

□ 작은 운동에도 피로하고, 온종일 피곤함을 느낀다.

□ 매사에 피곤하고 일의 능률이 떨어지는 것을 느낀다.

□ 충분한 휴식을 취해도 쉽게 피로하고 지친다.

□ 사소한 일에도 자주 우울해진다.

□ 만사가 귀찮고, 아무것도 하기 싫다.

□ 식욕이 점차 감퇴한다.

□ 이유도 없이 자꾸 짜증이 난다.

□ 삶에 의욕이 없다.

□ 아침에 일어날 때, 상당히 몸이 무겁게 느껴진다.

※ 위 문항 10개 중 6개 이상 해당하는 경우 취업 무기력증이라고 볼 수 있다.

자포자기는 금물이다

대부분의 구직자들은 기간이 길어질수록, 자신의 진로와 직업의 가능 여부에 대해 조금씩 의문을 갖기 시작한다. 무기력증의 요인은 어떤 결정을 앞두고 정신적인 혼란과 집착된 고민에서 발생할 수 있다. 그리고 가족 및 주변 환경 등으로도 영향을 받을 수 있다.

여러 생각이 꼬리에 꼬리를 물게 되는 현상을 경험해 본 적이 있을 것이다. 머리는 잡념이 가득 차게 되고, 시간이 길어질수록 식욕 감퇴와 의욕 저하의 현상은 직장인에게도 마찬가지로 나타난다. 육체적으로는 실천하는 행동이 필요하며 자기개발을 통해 극복해야 한다. 따라서 해결해야 할 일에 대한 결정을 신속히 내려 문제 해결을 하는 것이 가장 좋은 방법이다. 현재 자신이 절망감에 빠져 있다면, 망설이지 말고 즉시 전문가와 상담을 통해 문제를 해결하도록 초점을 맞추어라. 이 어려운 상황에서 자신을 떠밀어서라도 절망의 늪에서 탈출해야 한다.

자신감과 긍정적인 마음을 가져라

'내가 과연 취업할 수 있을까?' '이번에도 떨어지면 어떡하지?' 혼자서 마음속으로 염려는 하지 말자. 쓸 데 없는 걱정은 지원서도 내기 전에 미리 부정적인 생각을 하게 된다. 평소의 자신감 결여와 부정적인 생각은 나중에 입사지원서와 면접에서도 고스란히 드러나게 되어 있다. 자신도 모르게 잠재적으로 의식하고 있다는 사실이다.

이같은 사실은 내가 그동안 몇 년간 수백 명의 구직자의 입사지원서를 컨설팅한 결과다. 취업 평가에서 대부분 실력은 거의 비슷하지만 합격과 불합격의 성패는 결국 자신감이 있고 긍정적인 생각을 하는 사람이 더 높은 점수를 받는다. 나를 사랑하는 마음으로 자신감을 날마다 조금씩 쌓아가도록 하자.

자신의 가치를 평가절하하지 마라

현재의 내 모습, 나의 가치를 평가절하하고 있는가? 평가절하의 이유는 주변을 둘러싼 두려움 때문인가? 부모님과 주변의 기대를 충족시키지 못할 것 같다는 두려움, 계획대로 되지 못하면 어쩌나 하는 두려움이 있다. 누구나 직면하게 되는 전형적인 두려움 때문에 스스로 존재와 능력을 과소평가하고 있는 모습에서 벗어나자.

자신의 가치에 대해 지금까지 해오던 것 이상으로 긍정의 평가가 필요하다. 스스로 먼저 그렇게 하지 않는다면 다른 사람들이 어떻게 나를 인정해주겠는가? 상대방이 나에 대해 인정해주길 바라는 만큼 자신을 평가하지 못했는지 점검해보자. 두려움에 차 있거나 나의 가치에 대해 미심쩍어하는 부분을 발견했다면 자신과 이야기하고, 나에 대한 긍정적인 생각을 마음속에 주입하자. 물론 자신 안에 있는 부정적인 생각을 완전히 없앨 수는 없지만, 마음속으로 나의 소중한 존재의 가치 평가를 서서히 높여갈 수 있을 것이다.

혼자 고민하지 말고 도움을 청하자

일상에 몸과 마음이 바쁘면 하루가 즐겁고 어떻게 시간을 보냈는지도 모른다. 정말 내가 해야 할 준비 과정이 괴롭고 힘들다면 혼자 고민하지 말고 주위 사람에게 도움을 청하자. 사람은 더불어 살아가는 것이다. 자연, 이웃, 친구, 그 모든 것이 나와 서로 어우러져 조화로운 아름다움을 만드는 것이다. 무엇이든지 혼자 하는 것보다는 몇 배 더 나을 것이다.

원하는 것을 조금 더 자세히 찾아보면 우리에게 언제나 길은 열려 있다. 도움을 청할 때는 정말 간절한 마음이 상대에게 느껴질 수 있도록 하는 것이 필요하다. 취업 담당자도 무기력하고 의지가 없는 사람보다는 당연히 간절하게 일을 원하는 사람에게 마음이 가는 것이 당연하다.

꼭 현재에 자신의 상황을 솔직하게 설명하여 가장 좋은 해결책을 찾아야 한다. 어느 일이나 잘 될 거라고 되뇌이며 적극적으로 활동하면 어느 순간에 위축되었던 마음이 조금씩 자신감으로 극복되어 갈 것이다.

계획을 주기적으로 점검하자

어제는 비바람이 불었지만 오늘 아침은 다시 붉은 태양이 떠오른다. 자연에서 새 희망을 발견하고 누구에게 의지하려 하지 않고 나답게 스로가 일어나야 한다. 취업 기관 상담사의 조언을 참고하여 구체적인 계획을 세워 보자. 계획을 세울 때는 현재 상황에 맞춰 어느 정도 실현 가능해야 한다.

또한, 계획을 실현할 장소도 중요하다. 준비하는 동안은 가급적 외부에 있을 수 있는 시간을 만들어 보는 것도 괜찮다. 마땅한 장소를 찾지 못하거나 비용이 든다면 취업 전문기관을 활용하면 된다. 요즘 취업 기관은 구직자들이 무료로 이용할 수 있는 공간도 확보가 되어 있다. 사전에 해당 컨설턴트와 상담을 예약하고, 상담 시작 전에 무료로 컴퓨터와 사무 공간 등을 이용하면 된다.

취업에 명쾌한 정답은 없다. 다만 그 길을 찾기 위해 하는 노력이라고 보면 된다. 자신의 주위에서 할 수 있는 작은 것부터 하나씩 실천해 나가자. 조금 더 자신감과 적극적인 사고방식을 가지고 활동한다면 목표로 한 회사에 입사할 날이 올 것이다.

Tip 무기력증 극복 방법

자신의 모습을 카메라에 담자.

하루도 빠짐없이 집에만 있는 자신의 모습을 거울로 본 적이 있는가? 게슴츠레한 눈을 하고 무기력한 모습으로 있을지도 모른다. 머리로는 알고 있어도 습관과 생각이 잘 바뀌지 않는다. 무기력증 극복을 위한 충격요법으로 카메라 활용이 있다. 방에 디지털카메라를 두고, 자신의 모습을 동영상으로 녹화해 보자. 거울에서 보는 것과 다르게 충격적일 것이다. 카메라 활용은 무기력증을 해결하는 자극제가 될 것이다.

가벼운 취미나 운동으로 마음의 여유를 가져라.

모든 것에 실패할수록 아무것도 하기 싫은 상태로 만든다. 상황이 잘 안 풀리고 어렵다고 포기하거나 낙담하지 않도록 한다. 때로는 적절하게 마음의 여유를 가질 수 있도록 자신에게 충분한 휴식과 많은 위로를 주어야 한다. 마음의 여유를 가지는 방법으로는 규칙적인 운동과 기분을 전환시키도록 평소에 좋아하는 등산, 음악 감상, 여행, 독서 등의 취미 생활을 꾸준하게 하는 것이 좋다.

규칙적인 생활 습관을 하라.

오랜 시간 집에 있게 되면, 생활의 리듬이 깨진다. 특히 공채 시기에 밤을 새우면서 입사지원서를 작성하다 보면 늦게 자고 늦게 일어나는 올빼미 습관이 생기기 쉽다. 자신도 원치 않게 잠을 더 자게 되는 것이다. 불규칙한 습관은 생활에 활력을 저하시킨다. 되도록이면 하루, 일주일, 한 달씩 늘려 나가면서 규칙적인 식사와 운동, 습관을 갖도록 하라.

10

친구의 불편한
입사 소식

세계의 경기 침체와 국내의 내수 경기까지 하락세가 지속되어 기업은 점점 인력 채용 규모를 줄이고 간혹 신입을 뽑지 않는 기업들도 있다. 하지만 공채 시즌만 되면 구직자의 마음은 다급해진다. 밤낮으로 입사 지원서를 작성하고, 마감 내에 겨우 제출 후 한숨을 돌리다보면, 새벽이 훌쩍 지나 버린 적이 한두 번쯤은 겪었을 것이다. 이렇게 고생하며 구직 활동을 하는데 정말 안될까 싶기도 하다.

같이 준비했던 친구의 입사 소식을 들으면 마음이 더 심란하고 복잡해진다. 대부분이 겉으로는 축하한다고 말하지만, 속마음은 부러움과 약간의 질투가 공존하기 마련이다. 가까운 친구일수록 가끔 자신이 치사하게 느낄 정도로 그 마음은 더 커지기도 한다. 그리고 마음속으로 결심한다.

'저 친구보다 더 좋은 회사에 가면 돼.'

구직 활동을 시작한 지 얼마 안 되었을 때는 어디든 갈 수 있을 것이라는 확신에 가득 찬다. ○○그룹은 입사는 까다로우나 서류 통과 합격률이 높은 기업으로 알려졌다. 그렇지만 대부분 인성검사와 적성검사에서 수없이 떨어진다. 차라리 1차 서류 전형을 붙여주지 않으면 마음이라도 편할 텐데. 괜한 기대감만 느끼다 실망만 더 커지는 때도 있었을 것이다.

그러나 지원했던 기업의 불합격 통보는 정말 내가 평범한 직장인이 될 수 있을까? 다시 낮춰서라도 지원해야 하나? 라는 많은 고민을 하게 된다. 그 와중에도 중복으로 합격한 친구들만 보면 부럽기만 하다.

분명 능력의 부족으로 안 되는 이유도 있지만, 다른 것보다 최소 친구가 다니는 기업 그 이상은 가야겠다는 생각만 굳어져 간다. 눈높이의 문제가 아니라 마지막까지 남은 자존심이 걸림돌의 문제가 되기도 한다.

축하해야 할 불편한 취업 소식

4년제 대학의 기계공학부를 졸업 후 외국계 회사로 취업한 사례다. 취업한 동신, 세진이와 대우는 대학 때 절친한 친구 사이였다. 동신이와 세진이는 뛰어난 스펙을 가지고 있지는 않았지만, 운이 좋게도 졸업 전에 같은 회사에 취업하게 되었다. 외국계 회사뿐만 아니라 중견 기업도 동시에 합격하는 기쁨을 맛볼 수 있었다. 그러나 두 친구의 취업을 지켜본 대우는 취업한 두 사람의 회사는 별로인 것 같다며, 최소 국내의 10대 기업 입사를 목표로 졸업 연기를 선택할 것이라고 하였다.

동신이와 세진이는 대우의 졸업 연기는 그럴싸한 자기 도피라고 느껴지긴 했지만 응원해 주었다. 대우의 실제 마음은 그렇지 않았을 수도 있었을 것이다. 그리고 1년 후 두 사람이 다니는 외국계 회사에 한동안 신입 채용이 없다가, 사내에서 각 대학교의 후배나 추천할만한 명단을 제출하라고 했다. 동신이는 대우의 존재를 잊은 채, 주변의 다른 사람을 추천해 주었다.

몇 달 후에 동신이와 세진이는 만나자는 연락을 주고받게 되었다.

세진 : "너, 이번에 채용 공고 알지? 대우 추천 안 했어?"

동신 : "아 맞다! 대우를 잊고 있었네. 하지만 전에 우리 회사 별로라고 했잖아?"

세진 : "하긴 그 녀석, 토익 점수도 높지 않았던 것 같은데, 이번 상반기 지원에 다
떨어진 것 같더라."

사실 동신이는 대우의 상황을 알고 있었지만, 선뜻 추천해주고 싶지 않았다. 자신의 처지를 판단하지 않고, 회사에 대해 좋지 않게 말한 것이 약간 괘씸하게 느껴졌기 때문이다. 눈만 높았던 대우는 모든 기업에 불합격의 고배를 마신 뒤, 현재는 연락조차 되지 않는다고 한다.

주변 지인을 통한 지원은 공채를 노리는 것보다 유리한 측면으로 작용할 수 있다. 특히 자신이 지원하고자 하는 기업에 선배나 지인 중에 누가 다니고 있으면, 채용 기업에 대한 다른 정보도 들을 수 있다.

어떤 취업생은 자신이 가고 싶은 회사를 매일 같이 찾아가 다짐을 하고 지켜보는 생활을 반복했다. 그러다 어느 날 인사 담당자의 눈에 띄어, 채용에 대한 귀중한 정보 덕택에 결국 입사에 성공하였다.

어문계열 전공자인 대우는 졸업 후 일 년간 집에서 준비생으로 학원을 다니면서 필요한 자격증을 취득했고 더는 미루면 안 될 것 같아, 지인의 추천으로 중소기업에 입사했다.

4년제를 졸업했음에도 불구하고, 중소기업의 급여 수준은 원하는 수준은 아니었다. 매월 급여 명세서만 보면 한숨이 절로 나왔다. 그렇지만 경력을 쌓으면, 결혼하고 나서도 충분히 경력을 가지고 전문직으로 활동할 수 있을 것이라는 확신으로 위안을 삼았다.

어느날 퇴근길에 동신이의 대학 친구로부터 전화가 걸려왔다. 친구는 졸업 후 구직 준비를 하면서 많은 시간을 할애했는데 얼마 전에 백 대 일의 경

쟁률을 뚫고, 대기업 합격하여 다음주부터 출근 예정이라는 것이었다. 분명 친구의 입사를 축하하면서 한편으로는 부럽게 느껴졌다. 하지만 친구와 비교하지 않고 이제는 자신이 원하는 직종의 길을 가면서 자신을 더 채찍질하여 경력을 쌓기로 마음먹었다.

타인과 비교할 필요는 없다

친구가 나보다 나은 회사에 취업한 이유로 비교하는 자신이 싫을 수도 있다. 그것은 단지 외형적인 비교의 잣대가 될 수도 있다. 현재 처해진 상황만으로 인생이 결정되었다고 불평을 늘어놓는 것은 어리석은 일이다. 사람마다 출발점은 다르며, 처음부터 희망하는 기업에 입사하면 좋겠지만 준비된 사람만이 성공하듯이 입사 후의 진로와 인생 설계는 자신이 어떻게 노력하느냐에 따라 충분히 상황이 역전될 수 있다. 뚜렷한 목표를 가지고 노력하고 있다면 패배의식을 느낄 필요가 없다.

애플의 공동 창업주이자 전 CEO, 21세기를 움직인 혁신의 아이콘 스티브 잡스가 남긴 명언 중에 '계속 갈망하고 언제나 우직하게 전진하라'는 말이 있다. 현 상황만 보고 판단하기보다 앞으로 다가올 5년의 미래, 10년의 내 모습은 어떤 모습일까 생각을 해보자. 현재에 만족하지 않고 다가올 미래를 준비해야 한다. 매 순간마다 한 가지 일이라도 어디까지 최선을 다했는지 모를 정도로 자신의 열정을 쏟자. 그러면 혹시 아쉬움이 남더라도 후회는 없을 것이다. 뒤에서 다른 사람을 좇는 인생이 아니라 자신이 가야 할 길을 가는 것이 진정한 청년정신이고 참다운 인생이다.

11

취업,
첫 단추의 망설임

사회 생활은 첫 단추를 잘 끼워야 한다는 말을 들어보았을 것이다. 첫 직장은 앞으로 자신의 경력뿐 아니라 임금 수준에도 영향을 끼친다.

지난해 한국고용정보원이 공개한 직업 이동 경로 추적 결과에 따르면, 직장을 옮긴 취업 17만 6,336명 가운데 66퍼센트(11만 6382명) 가량이 임금 수준 등을 이유로 옮겼으며, 소득에 따른 이동 현상은 두드러지게 나타났다. 임금이 낮을수록 직장 이동 비율은 높아진다는 점이다.

따라서 누구에게나 첫 직장은 중요하다. 언론에서 말하는 임금의 양극화와 소득 차이는 무시할 수 없다. 하지만 좋은 일자리는 한정적이며, 처음부터 원하는 직장에 들어가기는 바늘구멍만큼 어렵다. 해마다 구직자는 늘고 취업 재수생까지 합치면, 원하는 직장에 들어가기는 하늘의 별 따기다. 문제는 이 같은 상황을 알면서도 목표한 직장을 포기하지 않고 도전하게 된다. 남들보다 더 인정받고 싶은 욕구와 사회적 지위에 대한 욕망이 계속 있기 때문이다.

대부분의 사람들이 시기를 늦춰서라도 원하는 곳에 들어가고 싶어 한다. 하지만 시기를 늦춘다 해도 좋은 결과를 보장할 수 없다. 만약에 실패하면 장기구직자가 될 가능성을 현명하게 고려해야 한다.그러나 급한 마음에 그냥 회사의 합격 통보를 받고 입사하거나 남보다 연봉이 많다고 입사하는 것은 나중에 조기 퇴사의 이유가 될 수 있는 점도 신중해야 할 사항이다.

고민하지 말고 일단 입사하자

부지런히 목표를 위해서 준비해 온 사람은 취업기관의 상담이나 조언을 받지 않아도 대체로 알아서 직장을 구한다. 문제는 고민만 하고 아무런 결정을 하지 않는 사람이다. 구직 준비란 핑계로 계속 미루는 진짜 이유는 자신이 원하는 조건의 회사를 가고 싶은 마음을 버리지 못한 것은 아닌가? 그것은 자존심 때문이거나 좀 더 편하게 일하면서 돈을 잘 벌고 싶은 생각일지도 모른다. 하지만 어느 회사나 우리를 기다려 주지 않는다. 신규 채용이 한정된 일자리를 너무 고르려고 세월을 보내면 자신에게 불리해진다는 점을 주의해야 한다.

그럴 때에는 눈높이를 낮추어 일단 무슨 일이든 시작하자. 아무 준비와 계획 없이 자신감과 기대감으로 미루는 것은 바람직하지 않다. 나에게 첫 직장이 마음에 들지 않아도 그곳에서 보람되게 일하며 능력을 발휘하고 경력을 쌓은 후에 다른 직장으로 이직할 기회가 주어지면 그때에 옮기는 것이 좋다.

첫 직장보다 어떤 일을 담당하느냐가 중요하다

최근에는 언론에서 쏟아져 나오는 베이비붐 세대, IMF엔 평생직장이라고 생각했던 기업들이 순식간에 무너졌으며, 이로 인하여 수많은 실업자가 생겨났다. 예측 불가능한 고용 상황은 누구나 언제든지 퇴출당할 가능성이 있다는 것을 시사하고 있다.

그러므로 현실과 타협하여 첫 직장을 잡는 것보다 중요한 것은 자신이 어떤 분야의 일을 하느냐다. 어느 기업이나 변화무쌍한 국내외 시장 경제에 대처하기 위해 평생 고용을 보장하지 않는 안타까운 현실이다. 기업의 존재 목적은 이윤 창출이다. 그 다음 이윤을 가지고 사회적 기업의 활동을 하는 것이다. 첫째 목표인 이윤 창출을 위해서 필요하면 사원을 모집하고 어려운 여건이 도래하면 그동안 열심히 일해온 동료와 사원을 내보내야 하는 것이다. 따라서 직장이 아니라 직업이 중요한 시대가 되었다. 개인이 직업으로 경력과 전문성을 가지고 꾸준히 활동해야 오래 살아남는다.

혹시라도 직장에서 단기에 많은 돈을 벌겠다는 일확천금의 생각은 헛된 꿈으로 여겨라. 여유로운 물질과 돈은 생활에 편리와 잠시의 경제적인 풍요를 안겨주겠지만, 지속된다는 보장이 없다. 미래에 목표로 하는 일을 향해 긴 호흡을 가다듬자. 실현 가능한 꿈이 꿈으로 끝나지 않게 앞으로 자신의 큰 비전을 그리며 방향을 잡아가기 위해 온 몸으로 노력하면 어느 순간 최고의 전문가가 되는 날이 찾아올 것이다.

12

나이 많은
취업 공백기

졸업을 앞둔 청춘의 목표는 넓은 세상으로 향하는 사회 진출일 것이다. 졸업은 또다른 시작의 출발점이다. 하지만 졸업 후에 전문 자격증이나 고시 준비로 몇 년을 매달렸던 경우라면 현재를 다시 점검해야 한다.

최근 통계청 조사에 의하면, 청년층이 졸업이나 중퇴 이후에 첫 일자리를 찾는 데 11개월이 걸린다고 한다. 3년 이상 걸린 청년층도 8.3퍼센트나 차지했다. 이는 졸업 후에도 평균 1년 이상 구직 활동을 해야 취업을 할 수 있다는 사실을 말해준다.

다음은 취업 공백기를 보내고 있는 은정이의 사례를 보자.

4년제 여대 문헌정보학과를 졸업한 은정이는 요즘 집에서 쉬고 있다. 도서관 사서자격증으로 취업할 수 있는 일자리는 국공립 도서관이 전부였다. 졸업을 하면 자연스럽게 원하던 도서관에서 일할 줄 알았지만, 막상 사서 자리는 쉽게 나오지 않았다. 그래도 은정이는 포기하지 않고, 눈이 빠지게 전국의 채용 공고가 올라오길 기다렸다. 그러나 몇 년 동안 지원했음에도 불구하고 계속 불합격했다. 한정된 자리에 똑같은 지원자가 몰렸기 때문이었다. 졸업 예정자뿐 아니라 재수생까지 합하면 도서관의 문을 뚫기는 쉽지 않았다. 은정이는 시간이 갈수록 여유로움보다는 조급해짐을 느꼈다.

몇 년간 구직 상태로 지내다 보니, 점점 무기력해지고 자신감도 떨어졌다. 이도 저도 못하고 있는 자신이 한심하게 느껴지고 언제까지 사서 자리만 나오기만 기다릴 수는 없었다. 사서직은 접고 다른 일이라도 찾아야 했다. 그러다가 인터넷으로 검색 도중에 직업 상담사라는 자격증을 알게 되었다. 은정이는 비로소 한 줄기 희망을 찾은 것만 같았다. 하루라도 빨리 자격증을 취득하여 취업해야겠다는 마음을 먹었다. 직업상담사 공부는 국비 지원이 가능했고, 바로 직업상담사 학원에 등록하여 공부를 시작했다. 막상 닥쳐 보니 배우는 것이 어려웠고, 교육 수료 전까지 자격증을 취득하고 싶었으나 은정이는 자격증 시험에 떨어졌다.

이러다 보니 졸업 후 아무것도 이루지 못한 자신의 미래가 두려웠다. 그러나 은정이는 이번이 마지막이라는 각오로 고용지원센터의 취업성공패키지 상담원에 지원하여 1차는 합격하고 2차 면접에서 취업 공백기 질문에 답변하느라 애를 먹었다.

늦었다고 생각할 때가 가장 빠르다

늦었을 때 시작하는 것이 가장 빠른 법이다. 취업은 해야 하는데, 입사 지원 기간임에도 불구하고 지원도 제대로 하지 않는 사람들도 많다.

졸업 후에 느끼는 불안한 미래와 인정하고 싶지 않은 자신의 상황을 피하려고만 하지 말자. 문제는 자신이 어떤 일을 시작 하기도 전에, 포기하거나 시도하지 않는 것이다.

현재 공백기의 상황이라면, 주저하지 말고 어떤 일이든 시작하려고 찾아야 한다. 그 일이 단순한 아르바이트도 될 수 있으며, 꺼려하거나 마음에 안드는 일일 수도 있다. 그래도 아무 일도 하지 않는 것보다 시간을 낭비하지 않고 효율적으로 사용하는 것이 좋다. 다만 기간을 정해 놓고 시작해야 한다. 무작정 하게 되면 어느 순간 내가 원하지 않는 방향으로 가고 있음을 알게 된다.

실패를 두려워 하지 말라

자신이 갈망했던 목표에 도달하지 못했을 때의 좌절감은 이루 말할 수 없다. 특히 반복되는 실패는 누구나 할 수 있다. 다만 실패로 자신을 자책하기보다는 나를 사랑하는 마음을 가져라. 나를 사랑하지 않고 실패의 아픔에서 벗어나 위안 삼기는 어렵다. 그리고 모두가 알고 있는 사실, 즉 실패를 거울 삼아 더 잘할 수 있도록 노력하는 자세를 가져야 한다.

청춘들의 사회 진출은 인생에 첫 통과해야 할 관문에 지나지 않으며 자신의 모든 앞날이 결정되는 것은 아니다. 자신의 가능성을 믿고, 절대 포기하지 않아야 한다. 스스로 얼마나 많은 도전을 했는지 생각해 보라. 같은 목표를 위해 100번 도전하여 모두 실패했다면 후회도 없을 것이고 포기해도 좋다. 그런 도전 정신을 가져라. 즉, 그만큼의 인내와 끈기와 노력이 필요하다. 무엇을 얻기 위한 절실한 환경이라면 객관적인 시각으로 자신을 판단하자. 남들보다 늦어진다고 해서 조급해 하기 보다는 늦춰진 시간만큼 더 노력해서 앞서 나가려고 생각해야 한다. 그러기위해서는 남보다 두 배 이상의 노력을 하기 위해 부지런히 뛰어야 한다.

반드시 공백기에 관한 질문에 대비하라

주변에 나름대로 최선을 다해 준비했지만 한두 번쯤 공백기가 없는 구직자는 없다. 재학 중에 휴학으로 생기는 공백기, 졸업 후 발생하는 공백기는 나의 의지와는 무관하게 당연하게도 된다. 기업의 면접관은 공백기가 긴 구직자의 입사 지원서를 궁금해 한다. 물론 처음의 목표와 다르게 길어진 경우도 적지 않을 것이다. 그렇다고 자기소개서나 면접 때 이에 대해 설명하지 않는 것은 탈락 1순위가 될 수 있다. 인사 담당자에게 공백기 기간에 자격증 준비나 인턴 경험 등 자신이 어떤 목표를 가지고 무엇을 했는지 구체적으로 납득할 수 있도록 준비해야 한다.

`Tip` 취업 공백기 극복 방법

인맥 네트워크를 유지할 것

자발적이든 비자발적이든 구직 기간이 장기화하면 점점 의욕이 꺾이고, 모든 것이 싫어지는 귀차니즘이 되기 쉽다. 주위 사람과 단절하는 것은 구직 활동에 바람직하지 않다. 취업 상담사를 만나 자신의 부족한 점, 보완해야 될 점에 대한 조언을 얻고, 필요시 직장 생활을 하는 선후배나 지인을 통하여 도움을 받도록 지속적인 인맥을 유지하도록 한다.

채용 박람회를 활용하라.

최근 청년층의 취업 애로를 반영한 국가 및 지방자치단체 주관, 기업 주관, 취업 관련사 등의 많은 채용 박람회가 열린다. 서류 통과율이 낮아 면접 기회조차 없었다면 이런 박람회를 적극 활용하자. 박람회에서 면접이 되풀이될수록 자신감이 생기고 현실을 인식할 수 있게 된다.

취업박람회 100퍼센트 활용하기 : 1. 취업박람회에 대한 충분한 사전 검토를 하라. 2. 명확한 목적성을 찾아 집중하라. 3. 목표로 한 특정의 기업이나 분야를 중심으로 준비하라. 4. 현직 인사 담당자의 말을 절대적으로 믿지 마라.

입사 성공을
위한
15가지 전략

01

진정한
승자란 무엇인가?

진정한 승자winner가 된다는 것은 무엇을 의미할까? 일반적으로 승자라고 하면 그 분야의 정상에 서 있는 사람을 상상하기 마련이다. 눈에 보이는 최고의 대학을 나와 좋은 기업에 다녀야 하고 남들이 부러워하는 직업을 가지고 있는 것이 승자는 아니다. 항상 최후의 승자가 진정한 승자이고 자신과의 싸움에서 이겨낸 자가 승자이다. 승자의 덕목은 자신의 분노와 어려움을 극복하는 것이다.

> 자신에게 내재한 힘을 최대한 끊임없이 도전하는 사람
> 큰 목표를 설정해 놓고 부단히 노력하는 사람은
> 인생의 진정한 승리자인 것입니다. – L.A. 세네카

최근 대한약사회 청년약사위원회의 설문 조사에 의하면, 젊은 약사 중 10명 중 6명이 약사의 전망과 미래에 대한 불안감을 가지고 있는 것으로 조사

됐으며, 현재의 직업 만족도는 75퍼센트 이상이 보통으로 나타냈다. 각각 만족도에 대한 자아실현, 약사의 전망 및 미래에 대한 항목은 불만족이 42.9퍼센트, 65.2퍼센트로 만족도가 다소 떨어졌다. 남들이 보기에 안정적이고 만족스럽게 느끼는 직업이라 해도 실제 종사자가 느끼는 직업 만족도와는 다르다는 것을 나타낸다.

경쟁이 치열할수록 포장은 심해진다

우리는 사라지고 줄어드는 일자리를 붙잡기 위해서는 어쩔 수 없이 선의의 경쟁을 해야 한다. 언제부터인가 대부분이 비슷한 삶의 목표를 가지고 안정된 일자리를 찾는 데 모든 것을 걸고 있다. 부모들 역시 아이들이 초등학교에 들어가기 전부터 이런 목표 하에 준비를 하려고 한다. 그래서 이에 길들여진 우리들은 자신의 생각과 방식대로 삶을 보지 못한다. 그저 닥친 일에 끌려갈 뿐이다. 마치 앞만 보고 달리는 경주마처럼 우리 사회는 누군가에게 쫓기듯이 맹목적으로 마구 달리는 듯하다.

경쟁이 치열할수록 나를 나답게 살아야 한다. 누구에게 끌려서 현혹되어 내 모습이 포장되는 기술은 정교해지고 화려해질 뿐이다. 하지만 갖은 스펙으로 치장한 준비생들이 어렵게 취업하는 순간부터 그토록 많은 시간과 돈을 들여 꾸몄던 포장은 하나의 휴짓조각이 되고 만다. 입사가 확정되고 나면 그 나름의 조직 문화와 규칙에 따라 새로운 경쟁을 시작하게 되는 것이다. 회사 조직의 구성원은 새로운 역량은 요구받게 되는데, 아무리 훌륭한 학교 성적표를 앞세운 인재도 조직에 충성심이 없다면 아마도 오래가지 않아 조직이 그를 거부할 것이다.

'화려한 포장은 조직이 요구하는 역량을 남보다 잘 갖추었다는 추정만 가능하게 할 뿐 그 역량을 확인해 주지 못한다. 그럼에도 청년들은 이런 조직에 적용되는 실제 현장에 대해서는 그다지 관심이 없다. 그저 인사 담당자들이 내놓은 스펙을 만들기 위해 무조건 노력하고 있을 뿐이다' 《청춘 너는 미래를 가질 자격이 있다》 본문 중.

자신에게 인정받는 사람이 곧 승리자이다

지난해 상반기 대기업 공채에 합격한 승호는 자신감에 넘쳐 있었다. 수많은 대외 활동과 경험이 기업에서 자신을 합격시킬 수밖에 없을 것이라고 생각했다. 승호는 다소 특이한 경우였다. 대학생 때 이미 창업을 한 경험이 있었다. 승호는 계속 그 일을 할 수 있었지만 대기업에 합격하는 바람에 취업의 길을 선택하게 되었다.

그러나 문제는 취업하고 시작되었다. 대학생 때 창업을 하면서 느꼈던 경험과 달리 대기업이라는 조직은 상당히 경직되어 있었다. 때로는 결제를 맡으려고 해도 몇 달이나 시간이 걸렸다. 기업의 조직은 창업을 하고 의욕적으로 일했던 환경과는 예상외로 달랐다. 상사나 선배가 시키는 대로 정해진 시스템에 맞춰서 일하는 것이 자신의 성격, 업무 스타일과는 잘 맞지 않았다. 결국 취업한 지 몇 개월이 넘어 고민 끝에 퇴사를 결정하였다. 현재는 자신이 하고 싶은 회사에 들어가 보람있게 일하고 있다.

위 사례와 같이 좋은 직장을 다니다가 그만두고 새로운 일을 하는 사람들도 있다. 왜일까? 직업에서 느끼는 만족도가 떨어지거나, 자신이 원하는 가치와 목표를 찾기 위해서다. 취업 준비생 시절만 해도 일하고 싶은 직장의 자리에 앉아 일하는 것이 최고의 목표처럼 여긴다 해도 입사를 하는 순간 마음이 달라진다. 직장에 대한 작은 불만이 생기게 되면서 주로 연봉 문제, 조직 부적응, 직무와 적성의 불일치, 사내의 대인관계와 같은 각종 사유로 어렵게 들어온 직장을 퇴사하게 된다. 신입 사원은 때로 취업 후에도 조직의 구성원이 된다는 것은 스펙 외에도 조직이라는 넘어야 할 산이 있다는 것을 체감하고 실망하기 쉽다.

인생에서 진정한 승자가 된다는 것은 자신에게 인정받는 사람이다. 성공의 잣대로 자신을 판단하고, 희망의 일을 찾지 못했을 때 '나는 실패자야'라고 생각하고 그것을 잣대로 삼아 원망하거나 불평하지 말자. 간단히 말해서 자신이 어떤 직업에 종사하던지 보람을 느끼고 만족하고 있다면, 그 자체로도 감사한 일이다. 때로는 큰 것을 얻고 이룬 것에 대한 감사보다는 평상시 작은 것에 감사하고 기뻐할 줄 알아야 한다.

이제는 인생의 목표가 좋은 직장이라는 편견을 버리자. 좀 더 열정적으로 일을 즐기면서 하고 싶지 않은가? 단순히 직장이라는 목표에서 벗어나 그 이상의 가치인 직업에서 느껴지는 즐거움에 주목할 필요가 있다. 자신을 인정하고 일에 대한 성취감과 보람을 느끼고, 선배와 동료들에게 인정을 받고 즐거움을 찾을 때 진정한 승리자가 되는 것이다.

02

환경을 바꾸는 것은
자신의 몫이다

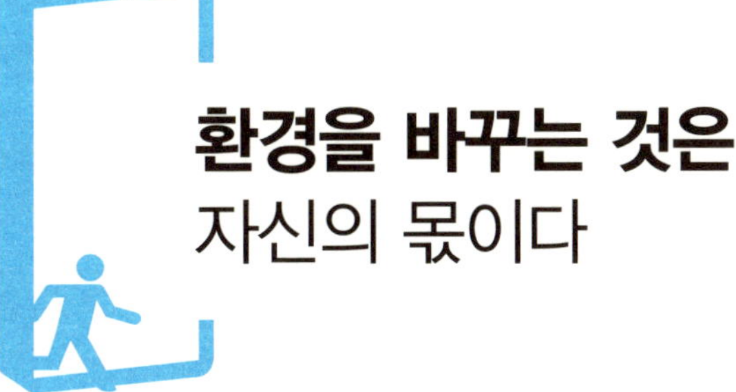

독일 문학의 거장 괴테는 다음과 같은 명언을 남겼다.

'지금 네 곁에 있는 사람과 네가 자주 가는 곳과 네가 읽는 책이 너를 말해준다.'

한 번쯤 자신이 속해 있는 환경과 주변을 돌아볼 수 있는 명언이다. 대학생 신분으로 접할 수 있는 환경은 정해져 있다. 그 중 가장 많은 비중을 차지하는 것은 학교일 것이다. 다양한 경험을 위해서는 학교 밖으로 나가야 한다고 언급한 적이 있는데, 아마 이 부분에 대해서 막연하다고 느끼는 사람도 있을 것이다. 세상의 다른 경험을 쌓고 싶어도 학생 신분이라 할 수 있는 것들이 제한되어 있기 때문이다. 그러나 반대로 생각하면 환경은 정해져 있지만, 환경을 변하게 할 수 있는 것도 자신의 몫이다.

국내 재계를 대표하는 총수들은 경영의 위기를 돌파하기 위해 한 때는 변화를 강조했다. 즉 삼성그룹 이건희 회장은 직원들에게 '마누라 자식 빼고 다 바꿔라'라고 주문했고 LG그룹의 구본무 회장은 '뼛속까지 변하라'고 말했다. 당시 이건희 회장은 열악한 삼성의 브랜드 파워, 형편없는 품질로는 세계 최정상 기업을 만들 수 없다고 판단했기 때문이다. 그리고 경영의 마인드를 바꾸기 위해서 계열사 사장들과 임원들에게 직접 제품에 대한 이성과 감성을 자극해 행동의 변화를 이끌어냈다.

과거에 비해서 산업과 문명의 발달로 인하여 주위에 청춘들이 할 수 있는 것들과 기회가 많이 생겨났다. 대부분 찾지 못하거나 찾으려는 노력이 없으므로 어렵게만 느껴지는 것이다. 간혹 학교생활 이외의 활동에 유난히 바쁜 사람도 있다. 자신의 관심 분야에 열정적인 모습을 보면, 한편으로는 부럽기까지 할 것이다. 하지만 그들의 처음 시작점은 나와 다른 것은 하나도 없었다. 다만 남들보다 그 일에 끊임없이 찾고자 하는 열정과 노력으로 달라졌을 뿐이다. 자신의 최대 적은 외부에 있지 않고 내 안에 있다.

나는 직장과 학업을 병행한 사례이다. 병행하기는 쉽지 않았지만, 남들보다 빠른 사회 경험을 하는 것이 가능했다. 사실 나는 청춘들의 진로와 취업 상담을 하면서 주어진 일만 하는 평범한 직업상담사로 지낼 수 있었다. 하지만 나는 항상 그 점이 아쉬웠고 주전자처럼 뜨겁게 끓어오르는 내 안의 에너지를 모른 척 할 수는 없었다. 다양한 연령대와 수많은 직업 경력을 가진 많은 사람과 상담한 경험과 멘토링을 토대로 보다 다양한 영역에서 활동하고 싶다는 생각이 들었다.

그래서 포털 사이트 블로그에 포스팅을 시작하였다. '취업으로 가는 지름길'을 운영하면서 상담한 사례들과 고용 시장과 관련된 나의 의견을 적기 시작했다. 처음에는 취미로 시작하게 되었지만, 나의 글을 보고 기업이나 공공기관, 학교 강의와 신문 게재 등의 의뢰가 들어왔다. 처음에는 별 볼 일 없던 내가 이런 활동을 할 수 있다는 것 자체가 신기했다. 어쩌면 나는 다른 뛰어난 조건을 가진 사람들보다 오히려 불리한 조건이었을지도 모른다. 다양한 사람들을 만나며 경험했던 것 외에는 남과 별다르지 않은 평범한 직장인이었기 때문이다.

그런 의미에서 자신의 주변을 점검할 필요가 있다. 괴테의 말처럼 주변에 있는 사람과 공간이 자신을 나타내준다는 점을 기억하자. 매일 똑같은 환경과 주변에 같은 사람만 있다면, 폭넓은 환경과 경험을 할 수 있도록 환경을 바꾸어가도록 노력해보자.

할 수 있거나 꿈꿀 수 있는 모든 것은 지금 시작하라
담대함에는 재능과 힘과 마술이 있다. –괴테

SNS에서 대화하는 인맥을 살펴보자

요즘 20대의 90퍼센트 이상은 페이스북과 트위터 등의 소셜네트워크서비스Social Network Service를 사용한다. 짧은 이동 시간에도 스마트폰을 손에서 잠시라도 놓지 않는다. SNS의 큰 장점은 평소 만날 수 없는 인맥을 늘리고, 대화할 수 있다는 것이다. 그러나 대학생 중에 SNS를 인맥 확장 용도로 쓰는 사람은 얼마나 될까? 아마 친구들과 일상적인 대화를 나누거나 의미 없는 문자를 보내는 경우가 대다수일 것이다.

인맥을 확장할 때 주의해야 할 사항은 교류다. 교류가 없는 인맥은 의미가 없다. 커뮤니케이션을 기반으로 한 쌍방향 교류가 되어야 한다. 처음부터 유명 인사나 업계 종사자와 대화를 나누기는 쉽지 않을 수 있고, 공감대를 형성하는 것 또한 어려울 수 있다. 그렇지만 유명 인사와 업계 종사자들이 SNS에서 나누는 대화를 주목하고, 관련 업계의 흐름을 파악하도록 노력하자. 인터넷에서 파악할 수 있는 일정한 정보보다는 어쩌면 더 빠르고 생생한 소식으로 효과를 얻을 수 있다.

장소의 사전적 의미는 어떤 일이 이루어지거나 일어나는 곳이다. 광범위하게 느껴질 수 있겠지만 장소를 관심사와 연계해서 살펴본다면 그 의미의 축소가 가능하다. 예를 들어 디자인에 관심이 많은 학생이라면, 디자인과 관련된 각종 행사나 학회에 참여하려고 할 것이다. 사람마다 좋아하는 장소와 환경이 있듯이 자연스럽게 관심 분야에 눈길이 가는 이치다.

관심사는 자신에게 반복적으로 일어나는 형태를 통해 확인할 수 있다. 유난히 끌리거나 활동하고 싶은 곳이 주된 관심사가 된다. 현재 활동하고 있는 분야에서 자신의 위치가 어떻게 되는지도 살펴보자. 팀장이거나 팀원이 될 수 있고, 다른 형태로도 소속될 수 있다. 현재 소속된 장소와 위치는 자신을 말해주기도 한다.

만일 일정한 분야와 유사한 장소에 관심을 두고 활동하고 있다면, 자신이 좋아하고 있는 것이다. 이제는 이런 경험과 관심사를 일관되게 정리해보자. 단순히 관심으로 끝나는 것이 아니라 자신만의 개성과 전문성을 나타낼 수 있도록 구체적인 방법을 통해 전략적으로 접근하는 것이 필요하다. 그렇게 했을 때, 환경이 나를 바꾸는 것이 아니라 내가 새롭게 도전할 기회의 환경을 만드는 것이다.

03

꿈과 열정을
가져라

일본인들이 기르는 관상어 중에 코이라는 잉어가 있다. 그런데 이 잉어는 특이하다. 자신이 놓인 어항의 크기에 따라 성장하는 폭이 달라진다. 예컨대 이 잉어를 작은 어항에 넣어두면 5 ~ 8센티미터밖에 자라지 않지만, 아주 커다란 수족관이나 연못에 넣어두면 15 ~ 25센티미터까지 성장한다. 잉어가 숨쉬고 활동하는 어항의 크기에 따라 조무래기가 될 수도 있고 혹은 대어가 되는 것이다. 이 코이는 바로 우리 인생에서 꿈을 강조하고자 할 때 자주 비유된다.

더 크게 꿈꾸면 자랄 수 있는 게 꿈이다. 현재의 위치나 상황만 보고, 삶에 한계를 두고 있는 게 아닌지 생각을 해볼 필요가 있다. 가끔씩 자신의 역량이 부족하다고 판단해서 "어차피 나는 거기까지야" "이 정도로 만족해야지"라고 위안 삼고 있을지도 모른다.

많은 예비 사회인이 직장이나 진로에 대해 자신감이 떨어져 있다. 생각처럼 되지 않으니 어찌 보면 당연한 일이다. 뜻대로 안 되는 이유를 알면 남보다 수월하겠지만, 대부분 이유를 알지 못한 채 반복되는 실수를 하고 있다. 실패가 거듭 될수록 사고는 점점 부정적으로 변하기 쉽다. 나의 마음에 긍정의 나무 한 그루를 심어보자. 그리고 날마다 긍정의 초록이 자라도록 애정을 가지고 물을 듬뿍 주어라.

생각만 바꿔도 삶의 태도와 의지가 바뀐다

생각이 인생에 미치는 영향은 크다고 할 수 있다. 교육심리학 분야의 용어로 '피그말리온 효과 Pygmalion effect'가 있다. 이는 타인의 기대나 관심에 따라 능률이 오르거나 결과가 좋아지는 현상을 말한다. 흔히 말이 씨가 된다고하는 것처럼, 가령 '나는 실패자야'라고 말하면 자기가 말한 그 정보에 따라 무의식한 가정에 의해 그대로 이루어지는 것이다. 부정적인 자기 충족적 예언은 상황에 대한 잘못된 판단이나 정의를 내려, 다음 행동들이 처음의 잘못된 생각들을 현실화하게 만든다.

따라서 될 수 있으면 모든 일에 부정보다는 긍정의 정보를 선택하는 것이 삶을 이끌어가는 힘이 되어 준다. 그리고 자신감을 가지고 큰 꿈을 꾸자. 꿈이라는 밑천은 바닥을 드러내는 일이 없으며 계속 도전할 열정을 분출하는 무한의 에너지이다. 꿈을 현실로 만드는 것은 나의 노력과 의지에 달려 있다. 꿈을 그리는 사람은 그 꿈을 닮아 간다는 말처럼, 의지와 생각만 바꿔도 나의 인생은 새로운 터닝포인트가 될 수 있다.

꿈을 버리지 말자
꿈이 사라져도 당신은 존재하지만 사는 것은 끝난 것이다.
– 마크 트웨인

04

경쟁력을 위해
열린 인재가 되어라

열린 인재란 무엇을 뜻할까? 최근 삼성그룹에서 채용 선발 기준에서 밝힌 열린 인재란 '열린 행동을 하는 인재'라고 밝혔다. 또한, 현대자동차에서는 '개인의 창의적 역량을 통해 차별화된 가치를 보여줄 수 있는 것'을 열린 인재라고 정의했다. 주요 기업에서 열린 인재의 채용이 늘어나면서, 구직자들의 열린 인재에 관한 관심 또한 늘어났다. 하지만 대부분이 열린 인재상에 관한 기준은 모호하다고 느낄 것이다.

'열리다'의 사전적 의미 중 배타적이지 않고 남을 포용하여 받아드리게 된다는 뜻이 있다. 이것을 조직과 인재의 의미로 적용한다면, '열린'의 특징은 한마디로 '개방', '참여', '공유'라고 할 수 있다. 과거는 소수 엘리트가 독점적 지위를 가지고 많은 사람을 지휘하고 움직이던 방식이었다면, 현재는 집단 지성을 이루는 다수의 상상력을 뛰어넘기 어렵다.

물론 과거에는 기업이 이런 개방과 참여, 그리고 공유가 가능한 인프라를 갖지 못했기 때문에 소수 엘리트의 상상력에 의존할 수밖에 없었다. 하지만 이제는 시대가 바뀌고 직원이 열 명 내외의 회사라도 지적 상상력과 능력을 공유하는 인프라가 가능해졌기에 이런 방식은 급속히 확대될 것이다.

열린 인재는 내면의 이끌림에 의한 진정성을 중시한다

그렇다면 열린 인재가 되기 위해선 어떤 노력을 해야 할까? 열린 인재는 지금까지 닫힌 인재들이 경쟁력이라고 생각하고 쌓아왔던 것들을 무의미하게 만들 수 있다. 그토록 많은 시간과 노력을 통해 얻고자 하는 좋은 학벌, 우수한 성적, 다양한 스펙보다 내면의 이끌림에 의한 진정성을 중시한다. 그들은 소유보다는 존재의 의미를 추구하며 그러한 자신의 꿈을 향해 자발적으로 노력한다. '집단 지성을 광범위하게 사용할 수 있는 인성, 그리고 구성원의 창조력을 극대화 할 수 있는 리더십 또한 열린 인재의 역량이다'《청춘 너는 미래를 가질 자격이 있다》 본문 중.

열린 인재라는 말이 아직도 모호하게 생각이 된다면, 상호 학생의 사례를 통해 쉽게 이해할 수 있다. 현재 지방 ○○대학에 2학년에 재학 중인 상호는 글쓰기에 관심이 많아 학창시절부터 대학학보에서 활동을 해왔다. 상호는 기자 활동이 너무 즐거워 몰입하는 열정으로 고등학교 때부터 각종 공모전에서 상을 받았다. 기자에 대한 열정은 적성을 고려하여 신문방송학과에 진학하고 나서도 이어졌다. 대학을 다니며 신문방송학을 체계적으로 공부하면서 신문 동아리, 여러 공공 기관 및 기업의 외부 기자단 활동을 했다. 비록 그는 대학생이지만 객원 기자 면접 시 면접관이 그의 이력서에 남다른 열정이 담긴 스토리와 창의적 사고를 높이 샀다.

그는 지방대생이라는 이유로 하지 못할 것이 없다는 자신감이 있다. 자신이 열정과 에너지를 쏟을 수 있는 일이므로 끊임없이 기사에 대한 다양한 생각과 방향 모색을 할 수 있었고, 매번 취재를 통하여 작성한 기사의 결과물을 통해 성취감을 맛본다고 했다.

남들과 똑같은 길과 방향에서 벗어나라

오늘날은 빠르게 IT에 기반한 스마트 혁명이 일어나고 있다. 지금 이순간도 지식정보화, 디지털화를 거쳐 컨버전스 시대로 향해 가고 있다. 기업은 글로벌 환경에 적절하게 대비하려면 무엇보다 융합적 사고에 바탕을 둔 창의적인 인재 양성이 급선무다. 즉, 다국적인 경쟁 속에서 살아남고 새로운 시장 기회를 한발 앞서 포착하고 선점하려면 새로운 시각과 통찰력을 갖추고 창의적으로 움직일 수 있는 인재가 필요하다.

열린 인재가 된다는 것은 조금만 달리 생각하면, 크게 어려운 것은 아니다. 열정을 가지고 몰입할 수 있는 일을 하다 보면, 창의적 사고를 하게 되고 자연스럽게 열린 인재가 될 수 있다.

남들이 가는 똑같은 길과 방향에서 고민하고 안주하기보다 시각을 바꿔보자. 자신의 범주에서 벗어나지 않는 늘 다니던 길에서 벗어나 새롭게 도전하는 길을 선택하는 것이다. 처음은 실패의 확률이 높고, 더 많은 시간이 필요할지도 모른다. 하지만 좌절하지 않고 끊임없이 재도전을 감행하다 보면 다양한 길을 찾게 된다. 이러한 경험은 시간이 흐를수록 통찰력을 가지고 상황에 따라 여러 가지 선택을 할 수 있는 길로 이끌어 준다. 계속되는 시도는 자신만의 풍부한 경험을 축적할 수 있다.

05

'펀fun'한 취업 준비

　중요한 인생의 비전, 즉 대학을 입학한 후에 삶에 대해 진지한 고민이 1학년때부터 접근해야 한다. 대학에서 '내 삶을 어떤 방향으로 이끌어 가야 하는가'라는 문제다. 가야할 진로를 미리 탐색하고 준비하는 시간이 되어야 하는 것이다. 일부 학생들은 신입생 때부터 각자의 필요한 역량을 갖추기 위해 노력한다. 최근 기업에서는 스펙만으로 판단할 수 없는 지원자들의 이면을 파악하기 위해 다양한 방식을 통해서 인성 검사, 적성 검사, 역량 면접, 토론 면접 등의 구조화된 면접 방법으로 지원자들을 점점 어렵게 만들고 있다.

　오늘날 많은 기업이 요구하는 역량을 각자가 유형화하기는 어렵다. 기업마다 인재상이 다양하고 평가적인 기준과 방법이 다르기 때문이다. 국내의 기업은 사원의 성적이 좋다고 입사 후 반드시 우수한 성과를 내지 않음을 알고 있다. 그래서 기본적으로 갖추어야 하는 스펙 이외에 다른 지원자와 차별화된 각 개인의 장점을 어떻게 해당 조직에서 발휘하고 대처 능력이 가능함을 보여주어야 한다.

따라서 취업 준비를 할 때, 자신의 적성에 맞는 일을 찾아 즐겁고 차별되게 준비하는 것을 배워야 한다. 여기서 DONE 4계명(인쿠르트 참조)을 참고로 하여, 펀fun한 방법을 소개한다.

Decision : 진로는 신중하며 빠르게 결정하라

많은 대학생이 자신의 진로와 방향을 정하지 못하고 오늘도 도서관에서 공부하는 경우가 많다. 될 수 있으면 진로 선택은 저학년 때부터 몇 가지 직업을 후보로 선택하고 다시 집중적으로 1~2개의 직업이나 분야로 빨리 결정하는 것이 좋다. 이미 졸업을 했다면 우선적으로 현재 가능한 것을 살펴보도록 한다. 진로 선택 시 흥미와 적성은 직업을 정하는 데 무엇보다도 중요하게 고려해야 할 사항이다. 구체적으로 알고 싶다면 고용노동부 워크넷의 직업 선호도 검사 결과를 활용하는 방법이 있다.

Outside : 밖으로 나가 즐겁게 경험하라

원하는 기업에 입사하려면 요구하는 최소한의 스펙은 갖추어야 한다. 그러나 기업이 인재를 채용하는데, 스펙이란 외적인 요소는 분명 한계가 있다. 국내외의 무한 경쟁 속에서 경영에 각종 도발 변수와 악재, 위기를 헤쳐 가며 이윤을 획득해야 하는 오늘날 기업은 인재를 채용할 때 도전정신, 열정, 다양한 경험을 가진 인재를 대체로 선호한다. 그리고 자신이 어려운 상황에서 경험한 문제를 어떤 해결 방식으로 풀어가는지 심사 요소에 반영한다.

현장에서 피부로 와 닿는 정보를 느끼려면 이론 수업에서 벗어나 밖으로 나가야 한다. 외부 활동은 대표적으로 동아리 활동, 각종 토론회, 봉사 활동, 공모전 등이 있다. 직접 발로 뛰고 다양한 정보와 경험을 통해 어려운 문제에 직면했을 때 해결해 나가는 방법을 찾게 되고, 사람들과 관계를 형성하는 방법뿐 아니라 자신이 성장하는 계기가 될 것이다.

이제라도 더 넓은 세상을 바라보고 나아가자. 사회에서 남들이 경험하지 못한 일들에 부딪혀 보고, 자신이 무엇을 좋아하고, 하고 싶은 일이 무엇인지를 찾는다면 즐거운 진로의 준비를 시작할 수 있다.

Network : SNS를 활용해 인적 네트워크를 형성하라

평소에 다양한 활동을 하다 보면, 자연스럽게 관심 분야의 인적 네트워크가 형성된다. 대학 시절에 선후배와 친구의 관계는 아무런 이해 관계없이 인맥을 쌓을 수 있는 마지막 기회이다. 사회 진출 후 만들어지는 인맥은 사실상 득과 실을 따지는 이해관계로 만들어지기 경우가 많기 때문이다.

기본적으로 인적 네트워크의 구심점을 찾으려면 페이스북과 같은 SNS를 활용할 것을 권한다. SNS 중에서도 대표적으로 페이스북은 전 세계에 상당한 영향력을 끼칠 만큼 강력하다. 페이스북은 관계성을 기반으로 하고 있으므로 지인을 중심으로 맺어진다. 쉽게 인맥을 형성할 수 있으며 연결 고리가 긴밀하다는 장점이 있다.

페이스북을 활용하여 전략적인 인적 네트워크를 형성하고 싶다면, 관심 분야의 종사자를 페이스북에 친구 추가를 하거나 받아보기 기능을 활용해 보자. 이제는 앞으로 자신의 경력에 도움이 될 수 있는 진짜 인맥을 만들어 가 보자.

또한, SNS는 인적 네트워크 형성뿐 아니라 취업에도 영향을 끼친다. 최근에는 SNS를 활용해 구직자와 소통하려는 기업이 점차 늘어나고 있다. 포털 잡코리아에서 기업 인사 담당자를 대상으로 SNS에 관해 조사를 한 결과, 대기업 가운데 두 기업 중에 한 기업이 블로그와 트위터를 운영하면서 SNS에 채용 정보를 담고 있으며, 기업의 73퍼센트는 최종 면접에 올라온 지원자들의 SNS에 방문해 그들의 평소 말투나 생각 등을 살펴 보고 채용 당락에 참고한다고 말했다. 즉, SNS의 영향력이 곧 취업의 당락에도 직결될 수 있다는 점을 시사하고 있다.

기업 채용의 핵심은 회사에 이바지할 가능성과 역량이다. 취업의 관건은 회사의 이익에 보탬이 될 수 있는 맞춤형 인재가 되는 것이다. 즉, 기업이 나를 채용해야 하는 이유가 반드시 있어야 한다.

따라서 나만의 경쟁력을 갖추어야 한다. 비슷한 지원자 중에서도 나만의 특별함은 나만의 스타일이라고 도 할 수 있다. 대표적인 예로 지난해 유튜브를 통해 15억 인구에게 선풍적인 인기를 모았던 국내 가수 싸이의 노래 〈강남 스타일〉이다. 싸이는 자신만의 독특한 춤과 노래의 싸이 스타일로 세계적인 스타가 되었다. 자신의 적성에 맞고 몰입한 분야에 열정적으로 준비했다면 해당 분야의 직무에 대한 이해나 경험이 없는 사람보다 충분히 경쟁력을 확보할 수 있다. 이러한 부분이 기업이 채용을 고려할 수밖에 없는 주요 요건이 된다.

앞으로 남보다 경쟁력을 갖추기 원한다면 자신이 즐길 수 있는 직무 분야로 많은 경험을 쌓는 일을 우선시 해야 한다. 그리고 밤잠을 설칠 정도로 열정을 가질 수 있는 일을 찾는 것이 꿈을 이루는 성공의 핵심이다.

06

기업이 원하는
진짜 스펙

보통 '스펙'이라는 말은 영어 'specification'의 줄임말로 취업 준비생들 사이에서 쓰이는 용어다. 우리는 취업뿐 아니라 심지어 제품을 평가할 때도 스펙이란 단어를 자주 사용한다. 스펙이란 말은 어디서부터 생겨났을까?

애당초 스펙이라는 단어 자체는 존재하지 않았다. 구직자들이 자신을 소개하는 과정에서 학벌, 학점, 토익 점수 등이 어떻고 하는 것을 마치 제품의 사양처럼 소개한 것 같이 자신의 경력이나 이력을 소개하는 신조어처럼 만들어진 것이다.

실제로 취업포털 커리어가 최근 인사담당자를 대상으로 스펙에 대한 설문 조사 결과 83.1퍼센트가 인재 선발 시 업무와 관련이 없으면 불필요한 과잉 스펙이라고 답했다. 과잉 스펙으로는 한자능력시험, 석·박사 학위, 봉사활동 경험, 동아리활동, 제2외국어, 학벌 등의 순으로 나타났다. 대부분의 인사담당자들은 직무와 특별히 관계가 없는 스펙은 불필요하다는 견해다. 창의성이 최고의 선발 기준이며 자기소개서 질문 다원화 및 평가 가중치 확대

적용, 다양한 면접, 문제 해결형 프레젠테이션면접 등의 전형으로 바뀌었다.

기업에서 중요시하는 것은 '인성'

스펙의 평준화로 이제는 많은 기업이 인성을 중요시한다고 말한다. 인성은 채용에서 빼놓을 수 없는 요소임이 분명하다. 기업은 각종 테스트, 인·적성 검사, 구조화된 면접을 통해 각 회사에 맞는 적합한 인재를 추려낸다.

인성을 가늠하는 기준이 기업 인재상과 환경과 직결될 수 있으나 인성이라는 애매한 부분이 준비생들을 더욱 어렵게 만든다. 상황이 그렇다 보니 공인 어학 점수나 자격증과 같은 스펙에만 매달리는 현상이 벌어진다.

올해 ○○지방대학 정보통신과 8월 졸업 예정자인 준호 학생과 상담한 적이 있었다. 준호는 취업 준비가 전혀 안 된 상태로 기본적인 공인 영어 점수와 자격증조차 없었다. 상담 후 동기 부여를 받은 준호는 정보통신 자격증 시험에 합격했고, 자신의 전공을 살릴 수 있는 중견 기업의 전산실로 입사 지원했다.

면접을 앞두고 남보다 부족한 스펙이라 염려가 되었고 면접 준비도 제대로 하지 못해 마음이 떨렸다. 그러나 뜻밖에 인사 담당자의 면접은 인성 질문만 쏟아졌다(모든 기업이 그렇지는 않다). 기업에 대한 열정, 마인드, 자신의 꿈에 대한 것들이었다. 자신의 걱정했던 스펙을 묻는 질문은 거의 없었다. 입사에 절실한 준호는 솔직하게 미래의 확실한 목표를 구체적으로 대답하여 합격했고, 원하던 기업에 입사하게 되었다.

기업이 제시하는 최소 요구 스펙은 대부분 인터넷의 채용 공고와 카페를 통해서도 쉽게 확인할 수 있다. 그러나 정보는 정보로서의 가치만 있을 뿐 취업이라는 절대적인 기준을 충족하긴 어렵다. 많은 이들이 스펙이라는 기준으로 준비를 하지만 정작 해당 기업에서 원하는 진짜 합격 조건을 모르다 보니 정확하게 준비하지 못하는 경우가 발생한다.

처음에는 마음에 드는 기업을 지원하다가 서류 불합격이 반복할수록 일단 지원해 보자는 마음부터 든다. 수십 개 이상의 입사 지원서를 제출한 다음 가장 어려운 1차 서류 통과가 되면, 그때부터 2차 인성, 적성 검사 3차 면접과 관련된 질문 등을 준비하게 된다. 그런데 비슷한 스펙으로 지원자 중에서 불합격하거나 합격을 하는 경우를 종종 발견할 것이다. 즉, 수치화된 스펙만이 반드시 절대적인 평가 요소가 아니라는 것이다. 분명 낮은 스펙에도 불구하고, 면접에서 종종 성공한 사례도 있다. 또는 스펙이 좋아도 안 되는 사람이 많다. 그렇다면 기업에서 진짜 원하는 스펙의 요건은 무엇일까?

성실성Sincerity : 무조건적인 열심은 성실성을 입증하지 못한다

성실성은 '진실한, 진정한, 진심 어린'이란 뜻이다. 자기소개서나 면접에서 어떤 과업을 수행하고자 할 때 '성실함을 인정받는 인재가 되도록 노력하겠습니다'라는 문구를 습관적으로 작성한 경험이 있을 것이다.

자주 듣는 흔한 표현과 뻔한 문구는 인사 담당자에게 관심을 주거나 매료시킬 수 없다. 대표적인 흔한 표현의 예로 '나는'으로 시작하는 문장이 중복된 경우, 뽑아만 주신다면, 1등(반장, 우등생), 초일류(최고의), 엄격하고 자상한 부모님 밑에서 화목한 가정의 몇째로…… , 무슨 일이든 열심히, 등의 단어나 어휘는 가급적 사용하지 않아야 한다.

좀 더 구체적으로 자신의 성실성을 입증할 만한 근거가 있어야 한다. 자신의 삶에서 드러나는 성실함을 표현할 수 있는 근거는 지원자의 모습에서 묻어나온다. 갓 입사한 신입 사원이 처음부터 일을 잘하기는 어려우므로 업무 성과가 두드러지게 나타나기는 어렵다. 하지만 성실성을 지닌 인재가 결국은 앞으로 성과에서 탁월함을 보인다.

학과에서 기업 탐방을 추진한 경험이 있습니다. 저의 역할은 학과 대표를 도와 학생들이 가고 싶어 하는 기업과 날짜를 파악하여 해당 기업을 조사하는 일이었습니다. 처음에 기업의 반응은 냉담했고 같이 조사하기로 했던 동료들조차 빠지면서 기업 탐방이 무산될 위기에 놓이기도 했습니다. 혼자서 기업 탐방 조사를 맡았지만 포기하지 않고 기업 탐방 목적과 취지를 알리며, 기업 담당자에게 꾸준히 전화와 이메일로 연락을 취했습니다. 그 결과 다수 학생이 원하는 기업에 탐방할 기회가 주어졌습니다(성실성과 관련된 경험을 사례로 설득력 있게 제시함).

학과 대표와 남은 인원의 협력과 실행력으로 무사히 기업 탐방을 다녀올 수 있었고, 이후 조별 피드백을 통해 참가자 대부분이 만족한다는 성공적인 결과를 얻었습니다. 귀사의 OO팀에서 일을 할 때도 성실함의 자세로 주어진 목표 성과를 창출해 가도록 노력할 것입니다.

전문성Professionalism : 전문성을 갖춘 준비된 인재

전문성의 용어에 대해서는 대체로 자신감이 없을 것이다. 하지만 신입사원에게 요구되는 전문성은 진정한 전문성이 아니다. 기본적으로 지원 분야의 지식, 관심, 열정 등이다. 그리고 지원 분야의 관련 인턴십이나 외부 활동이 많으면 긍정적인 요소가 된다.

그러나 대부분 지원 분야에 대한 경험과 지식이 없다 보니 뉴스나 관련 검색을 통해 추출한 정보를 가공해서 꾸며 내고 외운다. 많은 지원자가 앵무새처럼 대답한다는 상상을 해보자. 인사 담당자들은 차별성 없고 감흥이 느껴지지 않는 지원자들을 보며 지루함을 느낄 것이다.

자신의 전문성을 드러내려면, 강점을 살릴 수 있는 분야로 지원해보자. 물론 그조차도 없어서 고민하는 이들도 있다. 만일 강점을 살릴 수 있는 분야가 없다면 지금부터 분야를 정해서 찾아야 한다. 전문성이 느껴지도록 자신을 포장하는 것도 하나의 기술이다.

OO백화점 상설 매장에서 판매 아르바이트를 하였습니다. 매출에 직접적인 도움이 되는 방안을 모색하던 중에 고정 고객층이 있음을 깨닫고, 지속적인 매출을 위한 독자적인 영업관리 시스템을 구축하였습니다. 우선 상설 매장에 오는 주요 고객을 분석하고, 소비자의 동선을 파악하기 위해 노력하였습니다. 매장 직원에게 잘 팔리는 상품은 눈에 띄는 곳에 배치하자는 의견을 제시했고, 일부 품목은 바꿔 소비자가 쉽게 찾을 수 있게 하였습니다(전문성을 보이도록 경험을 나타냄). 그러한 활동을 꾸준하게 수행한 결과 전월 대비 매출이 약 3퍼센트 이상 상승하였습니다. 매장 책임자에게도 인정받아 일반 아르바이트임에도 상설 매장의 전 상품 진열 및 전반적인 매장 관리 업무를 맡아 더 많은 업무를 배우는 기회를 만들 수 있었습니다.

이런 경험을 통해 입사를 하면 OO백화점의 영업 관리자로서 탁월한 성과를 창출시키도록 노력하겠습니다. 그 방법으로는 가맹 점주와 원활한 커뮤니케이션으로 본사의 전략과 목표가 현장에서 시행될 수 있도록 점포를 효과적으로 관리하겠습니다. 또한, 현장에서 느끼는 애로와 점포 매출 증가를 위해, 가맹점과 고객의 든든한 파트너로서 역할을 다 할 것입니다(전문성을 바탕으로 직무에서 창출하고자 하는 목표를 기술함).

실무 능력Executive ability : 다양한 경험과 실무 능력을 갖춘 인재

기업이 경력자를 선호하는 이유는 무엇보다 업무 성과를 높이기 위해서다. 지원 분야의 경험자라면 당연히 취업에 유리하다. 그렇다면 신입 지원자가 실무 능력을 입증하기 위해선 어떤 방법이 있을까? 간단한 예로 지원 분야의 인턴과 같은 관련 경험이라면 긍정적으로 작용할 수 있는 장점이 있으므로 이를 잘 활용한다면 채용 가능성을 높일 수 있다.

학창시절 OO은행 인턴을 한 경험이 있습니다. 제가 맡았던 업무는 고객에게 OO은행 카드를 설명하고 홍보하는 일이었습니다. 판매를 위해 카드의 종류와 내용을 자세하게 설명하였으나 고객은 외면하였고, 판매는 수월하지 않았습니다. 판매 실적이 저조하여 고객이 원하는 것이 무엇인지 생각해 보았습니다(어려운 문제를 스스로 해결하기 위한 노력). 고민해 본 결과 서비스 제공자인 제가 미소와 편안한 분위기를 만들어주고, 고객의 니즈를 반영한 카드를 추천하는 것이었습니다. 상담 고객에게 단지 상품을 설명하고 소개하는 것이 아니라, 고객의 라이프스타일을 고려한 카드를 추천하였습니다. 그리고 고객이 가입에 부담을 느끼지 않도록 편안한 분위기를 연출하기 위해 항상 미소를 잃지 않았습니다. 고객의 니즈를 반영한 꼼꼼한 상담으로 고객이 자연스럽게 가입하게 되었고, 그 결과 매출을 올릴 수 있었습니다(직무 분야와 인재상과 적합한 인재임을 나타냄).

인턴의 경험을 통해 고객 입장으로 생각하고 일해야 하는 것을 피부로 느낄 수 있었습니다. 이러한 경험을 바탕으로 다양한 상황 속에서도 적응하여 도전하는 자세와 능력으로 현장 투입과 동시에 업무 수행이 가능하도록 하겠습니다(자신의 경험과 직무 적합성을 연계하여 설명).

창의성Creativity : 문제에 직면했을 때, 탈출구를 모색하는 인재

기업은 세계 경제와 국내 시장의 변화를 먼저 예측하고 변화에 맞게 대응해도 시시각각으로 조직 내에서 다양한 문제에 직면한다. 같은 팀에서 업무상에 문제가 생기거나 새롭게 기획서 제안을 해야 할 때 꿀 먹은 벙어리가 되서는 곤란하다. 이건 내 일이 아니니깐, 담당한 사람이 알아서 하겠지. 또는 같은 부서의 선배가 능력이 탁월하니 항상 알아서 처리해준다는 생각으로 방관하려 한다면 큰 잘못이다.

예를 들어 같은 팀의 프로젝트에 어려움이 부닥치거나 문제를 해결해야 하는 상황이 온다면 어떻게 해야 할까? 설령 자신이 큰 도움이 안 되어도 동참하여 꾸준히 아이디어를 내놓는 것이다. 모든 일에 자꾸 해결하려는 능동적인 자세를 지녀야 한다. 왜? 꼭 이 문제는 A 방법으로 해결해야 할까? B 방법은? C 방법은? 여러 대안과 장단점을 검토해보자. 그리고 기획안을 만들어 부서의 직원에게 제안하는 최선의 모습을 보이자. 창의성이라고 하여 반드시 새롭거나 획기적일 필요는 없다. 상황에 따라서 실현 가능하고 문제를 신속히 해결할 수 있는 실행의 변화만 있으면 된다. 그리고 기업 조직과 대외 업무에서 일어나는 크고 작은 여러 문제에 직면했을 때, 어떤 방법을 제안하고 해결할 수 있는 능력 또한 포함된다.

해당 직종의 경험이 없는 취업 준비생에게서 나올 수 있을 만한 내용을 가지고 자기소개서에 창의성을 살린 경험을 작성한다면, 다음과 같이 작성해볼 수 있다.

대학교 시절, 마케팅 동아리 회원과 함께 OO언론사 주최 공익광고 마케팅 프로젝트에 참여한 경험이 있습니다. 프로젝트 주제는 친환경 에너지 실천이었는데, 주제에서 제시한 친환경 부분이 어려워 주위에서는 어려움이 있을 것이라고 했습니다. 그러나 포기하지 않고 열정과 도전 정신의 자세로 프로젝트를 준비하였습니다.

팀원들과 창의적 발상을 위해 각종 전시회나 박람회를 찾아다니며 아이디어를 모색했고, 모르는 부분은 선배들에게 조언을 구하였습니다. 팀원이 생각해낸 아이디어를 모으고 도출해 나가는 과정에서 각자의 의견 충돌로 어려움이 생겨, 중도에 프로젝트가 중단될 위기에 놓였습니다(문제 발생). 프로젝트 준비 과정이 순탄치 않았지만, 팀원으로서 이러한 어려움을 극복하기 위해 서로의 이견을 조율하는 서포터의 역할을 했습니다. 우선 팀이 봉착한 문제가 의사소통임을 파악하고 개선하기 위한 노력으로 일주일에 한 번 자유로운 생각을 나눌 수 있는 소통의 시간을 가졌습니다(문제의 대안 제시).

그 결과 팀원들은 하나가 되기 시작했고, 2개월간 끈기와 목표를 향한 집념으로 서로의 일을 책임감 있게 수행하여 우수상을 받았습니다. 프로젝트를 통해 조직 간의 커뮤니케이션의 중요성을 깨달을 수 있었고(경험을 통해 느낀 점), 이런 경험을 바탕으로 OO기업에 입사하여 조화로운 팀워크와 끊임없는 노력으로 주어진 목표를 달성할 수 있는 인재가 되도록 하겠습니다(자신의 역할과 포부).

공모전이나 대회 출전을 위해 팀 프로젝트 참여를 했다고 가정하자. 분명 대회 준비를 하면서 창의성 발휘와 아이디어를 내기 위해 끊임없이 연구하게 된다. 물론 팀 회의나 프로젝트 진행 과정에서 팀원들과의 의견 불일치로 애를 먹었던 경험도 있을 것이다. 중요한 것은 팀 프로젝트가 아니라 맡은 역할을 통해 창의성을 발휘하고, 팀 내에 직면한 문제를 어떠한 방식으로 해결했는지 여부다. 자기소개서를 작성할 때에 궁극적으로 회사의 직무와 연계시켜 작성하도록 한다.

자신의 경험에서 느꼈던 점을 창의성과 결부시킬 만한 내용으로 연결하도록 평소에 다른 사람의 글을 많이 읽고 글쓰기를 꾸준히 연습해야 한다.

07

취업에
육하원칙을 붙여라

1. Who : 나를 파악하라

일부 대학생들은 자신의 적성에 대해서 잘 알지 못하는 경우가 많다. 적성과 흥미는 나를 파악하는 지름길이다. 대체로 처음부터 어느 한 분야에 뚜렷한 흥미를 느끼긴 어렵다. 성장하면서 좋아하는 분야가 바뀔 수도 있거나 혹은 딱히 흥미를 느끼는 분야가 없는 사람도 있다. 그렇다면 나를 파악하기 위한 전제 조건인 적성과 흥미를 어떻게 파악하는 것이 좋을까?

첫째, 나를 분석하자. 나는 내 자신이 가장 잘 안다. 하지만 취업할 때가 되면 현실과 타협하게 된다. 자신의 역량과 재능과 관계없이 지원부터 하는 경우가 있다. 적성과 흥미를 고려하지 않고 입사하게 되면 당연히 직업의 만족도는 떨어진다. 그래서 적성과 흥미를 중요한 체크 요소로 살펴야 한다.

자신이 근본적으로 느끼는 즐거움이 무엇인지 파악해야 한다. 자신의 성향과 유형을 파악하기 위해 가장 많이 활용하는 심리검사 도구로 성격유형검사Myers-Briggs Type Indicator가 있다. MBTI는 융의 심리학적 유형psychological types 이론에 근거한 것으로 현재 매우 널리 쓰이고 있는 성격유형검사의 하나다.

즉, 개인이 쉽게 응답할 수 있는 자기 보고를 통해 인식하고 판단할 때의 각자 선호하는 경향을 찾고, 이러한 선호 경향들이 개별적으로 또는 여러 경험이 상호작용하면서 인간의 행동에 어떠한 영향을 미치는가를 파악하여 실생활에 응용할 수 있도록 제작된 심리검사다. 16가지 유형 중 자신이 속한 유형을 찾을 수 있으며, 성격 유형에 적합한 직업을 추천해준다. 성격 유형에 따른 추천 직업이 정확히 맞을 수는 없지만, 자신을 분석하는 기초자료로 손쉽게 알아보는 방법이다.

둘째, 독서진로 탐색으로 나의 강점 지능을 찾자. 새로운 미디어와 스마트폰의 영향으로 인하여 과거에 비하여 대학생들의 독서량이 부족하다. 구양수는 글을 잘 쓰기 위해 다독, 다작, 다상량을 강조했다. 좋은 글은 많은 독서에서 비롯된다. 기본적인 글쓰기가 되지 않으면 앞으로 회사 생활이 피곤할 수 있다. 사무직은 문서를 작성하여 보고해야 할 일이 많기 때문이다.

책 읽기는 학습 능력을 신장시킬 뿐만 아니라 자신의 숨어 있는 재능을 찾을 수 있다. 책 읽기를 효과적으로 하려면 독서진로 탐색을 활용하는 방법이 있다. 독서진로 탐색은 자신의 목표와 꿈을 가지고 자기 주도적으로 책을 읽음으로써 타고난 재능과 숨은 적성을 파악하는 것이다. 독서진로는 독서를 기반으로 독서력, 사고력, 논리력까지 향상하고 자신의 강점 지능을 찾을 수 있는 가장 좋은 방법이다.

셋째, 관심을 둘 만한 활동에서 '나'를 찾자. 아직 취업에 여유가 있다면 관심을 둘 만한 활동을 시작해 보자. 예를 들어 패션 분야에 관심이 있는 학생이라면 회사의 서포터즈나 패션 마케터와 같은 대외 활동을 할 수 있다.

기업은 대학생을 대상으로 대외 활동을 지원함으로써 홍보 효과를 누릴 수 있고, 대학생은 실무적인 현장 경험을 할 수 있다는 장점이 있다.

　대외 활동은 기본적으로 온라인 활동을 병행해야 하는데, 자신이 운영하는 블로그나 카페 등에 포스트를 주기적으로 작성한다. 이 자료들은 나중에 자신만의 포트폴리오가 된다. 대외 활동을 하다 보면 특정한 관심 분야가 생기는 데, 가능하다면 관심 분야로 늘리는 것이 바람직하다.

　해외 탐방, 국토대장정, 기자단, 봉사활동, 마케팅, 서포터즈 등의 다양한 대외 활동은 자신의 평소의 취미와 희망의 길을 찾는데 유익하다. 특히 대외 활동은 적극성을 발휘해야 하는 일이 많아 평소에 모든 일에 적극성이 부족한 사람은 많은 것을 얻을 수 있다. 지금부터 자신의 생활에서 주된 관심사는 무엇인지 생각해보고 앞으로 어떻게 활동할 것인지 계획을 세워 차근히 자신을 찾는 과정을 만들어가도록 한다.

Who? 나를 파악하자

Q1. 나에 대해 자유롭게 적어보자.
- 좋아하는 것(좋아하는 분야와 활동) :
- 싫어하는 것(싫어하는 분야와 활동) :
- 적성 :
- 흥미 :
- 재능 :
- 관심 있는 분야 :
- 관심 없는 분야 :
- 하고 싶은 일 :
- 하고 싶지 않은 일 :
- 기타 :

Q2. 나를 파악하기 위해 해야 할 노력과 활동
(예: 심리검사, 직업 상담, 대외 활동, 다양한 분야의 책 읽기)
-

-

2. Why : 왜 취업을 하려고 하는가?

캠퍼스에서 자유롭게 누리던 즐거운 1, 2학년의 생활도 빠르게 지나고 3학년이 되면 이제 정신을 차리고 진로 준비를 계획한다. 하지만 일단 하고 보자는 마음으로 입사의 목표도 없이 무조건 준비에만 급급하다. 그러다 보니 가끔씩 자신이 제대로 된 진로를 위해 준비를 하고 있는지조차 의심이 들 때가 생긴다.

우리는 살아오면서 외부적인 환경의 영향을 많이 받는데 우선적으로 부모의 영향을 가장 많이 받는다. 기성세대 중심으로 한국 사회는 만연한 1등주의와 경쟁심리에 빠져 자녀의 성공을 위해서라면 조기교육으로 막대한 교육비를 아끼지 않았다. 왜냐면 커서 좋은 직장의 입사는 곧 성공의 보증 수표나 다름없기 때문이다. 그동안 공부를 잘하면 성공할 수 있다는 암묵적인 성공을 강요받았을지도 모른다. 이렇게 어릴 때부터 끊임없이 성공이라는 목표로 자신의 꿈도 모른 채 학교 공부에만 매달려왔다. 이제부터라도 진로와 직업에 탐색하는 시간을 가지며 내가 앞으로 무슨 일을 하고 싶은지, 그리고 왜 해야 하는지 생각해야 한다.

기회비용의 상황이 온다면 반드시 이유를 붙여라. 살다 보면 우리에게는 항상 기회비용이 주어진다. 예를 들어 휴학과 구직이라는 선택의 상황에 놓인 여대생이 있다고 하자. 휴학하면 부족한 준비 기간을 확보할 수 있지만, 제한된 나이라는 제약에서 불리하다.

취업을 하면 준비 기간을 확보할 수 없어도 나이라는 제약에 조금 유리해진다. 각자에게 휴학과 취업 중 선택의 정답은 없지만, 졸업을 앞두고 진로가 결정 되지 않으면 누구에게나 짐이 된다. 만일 위 사례처럼 준비 중에 선택의 갈림길에서 이유를 붙여보자. 그렇게 했을 때 자신이 선택한 상황에서 발생하는 오류를 줄일 수 있을 것이다.

어떤 일을 시작할 때 당위성의 이유를 붙이자. 대학생의 특권은 자유롭게 도전하고 경험할 수 있는 것이 많다는 점이다. 남들보다 경험이 많으면 좋겠지만 그렇다고 진로의 방향과 무관한 활동이 득이 된다는 보장은 없다. 앞서 말한 것처럼 경험은 한 방향으로 깊은 일관성이 중요하다.

만일 어떠한 일을 시작하려고 준비한다면, 앞으로 그 일이 자신에게 끼치는 영향과 해야 하는 이유를 제시하고 시작하자. 이유를 따져보는 것은 기본적으로 자신에게 이유로 하여금 목표와 동기부여가 생기도록 한다.

또, 이유를 붙이는 것은 자극제가 된다. 자신이 목표로 준비하는 회사가 있다면 그 회사를 가고 싶은 이유를 구체적으로 생각하는 것이다. 무슨 일을 하든지 해당 이유는 그것에 대한 명확한 목적의식이 생기고 자극제가 된다. 미래를 위한 준비 과정에서 그 때마다 자신에게 '해야 한다'는 당위성과 할 수 있다는 자신감과 긍정의 생각을 갖도록 하자. 오늘 주어진 하루를 살아가는 나의 삶에도 이유를 붙여보자. 하루의 의미는 더욱 확고해질 것이다.

		Why? 취업 준비 왜 해야 할까	
순 위	하고 싶은 일	하고 싶은 이유	일을 하기 위해 필요하다고 느끼는 과정
1	소설가	어릴 때부터 글을 쓰는 게 좋아, 문예창작을 전공으로 선택했다. 문예창작 전공 분야 중 그나마 적성에 맞고, 자신 있는 소설가로 등단하고 싶다.	작가 공모전 – 공모전을 준비하고 있지만, 경쟁률도 세고 수상이 어렵다. 앞으로도 계속 도전해야 한다.

2	시나리오 작가	드라마나 영화도 관심이 많아 내가 쓴 글을 영상으로 만들고 싶다는 생각을 했다.	시나리오가 영화화되면 더할 나위 없겠지만 현재로서는 미지수다. 소설, 시나리오 등 장르를 가리지 않고 공모전에 집중하고 있다. 시나리오 작가가 되기 위해서는 공모전 수상이 지름길이라고 생각한다.
3	출판사 근무	소설가나 시나리오 작가가 되지 않으면 출판사 근무도 고려하고 있다. 출판사에서 일하며 소설을 써서 출간하고 싶다.	출판 업계의 인맥을 쌓는다. 출판계 취업이 좁은 편이라 인맥을 활용하는 것이 필요하다고 느껴진다.

Q2. Q1의 작성을 통해 무엇을 깨달을 수 있었는가?

[예] 시트지에 적을 만한 것이 없었다. 소설가가 되고 싶지만 막연하게 공모전만 준비한 것 같다. 아직 수상에 성공한 작품이 없다. 구체적인 계획을 세운 상태가 아니라 앞으로 미래에 대한 두려움이 크다.

Q3. 현재 구체적인 나의 고민은 무엇인가?

[예] 막연하게 작가 등단이나 출판사 취업을 목표하고 있었다. 문예창작과 전공을 살려 글을 쓰는 일은 계속하고 싶지만, 취업할 수 있는 분야가 비교적 제한적이다. 어느 땐 글이 잘 안 써지면, 나도 모르게 목표를 잃고 시간만 보내는 경우가 많았다. 작가로 등단한다 해도 수입에 어려움을 느낄 것 같다.

Q4. 위 도표 작성으로 자신의 취업에 대해 이유가 생겼는가?

☐ YES ☐ NO (아니라면 이유는?)

---

3. When : 언제 시작할 것인가?

"요즘 뭐 하고 지내?" "언제부터 취업 준비하려고 그러니?" 주위 사람들에게 듣는 이런 질문은 피하고 싶거나 부담스럽다. 혹은 눈앞에 다가온 졸업 후에 무엇부터 시작해야 할지 몰라 망설이는 자신의 힘든 현실을 이해해주면 좋겠지만 그렇지 않다. 아파하고 지금 힘들어한다고 해서 현실의 문제가 해결되는 것은 아니다.

　나름대로 취업 준비가 되었다면 지금이라도 당장 시작하자. 아직도 아무것도 결정되지 않고 계획만 세우다가 시간을 낭비하는 경우가 발생한다. 무엇이든 시작해서 실행에 옮기도록 노력하자. 결단이 필요한 순간에 결정을 내리지 못하고 머무르면 결국 나중에 후회만 남는다.

When? 시간 관리 자가 테스트

현재 자신의 시간이 효율적으로 관리되고 있는지 아래의 문항을 통해 확인해 보자.

- □ 하루 중 취업 준비를 위한 시간이 있다.
- □ 취업에 필요한 시간을 체계적으로 관리하는 편이다.
- □ 나의 취업 시점에 맞춘 시간 관리 습관을 갖추고 있다.
- □ 매 순간 불필요한 시간이 낭비되고 있는지 확인한다.
- □ 효율적인 시간 활용을 위해 불필요한 외부활동과 만남은 자제한다.
- □ 불필요하게 낭비되는 시간은 과감하게 없애는 편이다.
- □ 하루 일정을 시작할 때, 시간을 고려한 계획을 세운다.
- □ 모든 일은 반드시 시간에 맞춰 끝낸다는 목표가 있다.
- □ 짧은 시간이라도 효율적으로 사용하려고 한다.
- □ 나의 대부분 시간과 일정이 효율적이라고 생각한다.

[7~10개]

당신은 매우 시간 관리가 철저한 사람이다. 결코, 불필요한 시간을 용납할 수 없으며, 주어진 시간을 짜임새 있고 효율적으로 활용한다. 또한, 목표 의식이 뚜렷하여 자신에게 주어진 일을 시간 내에 완수하여, 주변 사람의 신임을 얻는다. 매 순간 휴식조차 없이 모든 일정을 빡빡하게 채워 오고, 일이나 자기계발에 몰두할 가능성이 높다. 시간 관리가 잘되고 있다면 이미 성공한 것과 다름없다. 앞으로 철저한 노력으로 준비한다면, 좋은 결과가 있을 것이다.

[4~6개]

시간 관리의 중요성은 인지하고 있으나 몸과 마음이 따로 노는 경우다. 목표를 다시 점검하고 현재 자신에게 불필요한 시간이 어떻게 낭비되고 있는지 점검할 필요가 있다. 만일 의미 없이 버려지는 시간이 있다면 과감하게 줄여나가야 한다. 아무 생각 없이 스마트폰 게임이나 인터넷에 몰두하는지 점검한다. 불필요한 시간을 줄이고 앞으로 계획적인 시간 관리를 위해서는 주 단위의 계획을 세우고 주기적으로 체크하며 생활해야 한다.

[3개 이하]

현재 생활에서 시간 관리가 전혀 되지 않고 있다. 심각하게 자신의 상태를 점검할 필요가 있다. 시간을 잘 지키지 않아 주변 사람들에게 신임을 얻지 못할 확률이 높다. 이 상태에서 평범하게 준비를 하는 것은 오히려 실패할 수도 있다. 먼저 기본적인 자신의 시간 관리와 잘못된 습관을 먼저 개선하는 노력이 급선무다.

---

4. Where : 어디서 시작할 것인가?

진로나 자신의 직업을 어디서부터 준비해야 할까? 교내 경력개발센터, 취업 관련 카페, 동아리, 학원, 취업 컨설팅 회사 등등 손에 꼽을 수 없을 정도로 넘쳐난다. 인터넷에는 구직과 취업에 관련된 내용의 많은 정보와 넓은 선택을 제공하기에 무엇부터 준비해야 할지 판단이 어려운 경우도 있다.

학교에서 유난히 분주하게 활동하는 친구들이 있다. 대표적으로 동아리, 해외 봉사, 공모전, 대외 활동, 해외 연수, 인턴 활동이다. 주위 친구들이 목표를 향해 대학 생활을 열정적으로 보내는 모습이 한편으론 부러울 것이다. 그렇다고 그들과 똑같이 따라할 수도 없는 노릇이다. "대학생 때 손에 꼽을 수 있는 활동이 있었나요?"라고 물었을 때 어떻게 대답할 것인가. 남들과 똑같이 스펙을 위한 공부를 했다고 할 것인가? 여기서 중요한 것은 어디서, 어떻게 자신의 역량을 발휘하며 활동했는지가 중요하다.

어디서가 아니라 어떻게에 주목하자

학창 시절에 빼놓을 수 없는 인턴과 어학연수와 같은 경험이 있어도 입사가 힘든 이유는 그 사실에만 집중하기 때문이다. 예를 들어 어학연수를 다녀왔다고 하자. 익숙하지 않은 환경, 처음 만난 동양인 친구들, 서로 달랐던 관점, 그 때문에 생겼던 갈등과 같은 에피소드도 있었을 것이다.

평범한 자기소개서는 어학연수를 통해 구체화하지 않은 다양한 경험과 글로벌 시각을 가지게 되었다는 흔한 문구로 작성한다. 그러나 어학연수를 다녀오고 느꼈던 것은 단지 하나의 사실일 뿐이고, 어학연수가 자신의 역량을 증명해 주진 못한다.

그렇다면 경험을 역량으로 증명하기 위해서는 어떻게 해야 할까? 경험이 직무와 연계되어야 한다. 만일 지원 분야가 무역이나 해외영업 분야라면 어학연수에서 있었던 에피소드를 직무와 연결해야 한다. 인사 담당자는 지원자의 경험을 중요하게 생각하지 않는다. 오로지 회사의 생산성 및 조직 생활에 도움이 되는지만 주목한다. 같은 어학연수도 어떻게 설명하느냐에 따라 달라지게 된다.

준비가 미흡한 청춘들은 좀 혼란스러울 수도 있다. 지금 당장 어디서, 무엇을 해야 할지 모르는데, 어떻게 집중하라는 것인가? 우선 일할 수 있는 곳부터 정하자. 장소는 자신의 기량을 마음껏 효과적으로 발휘할 수 있을 때 장소의 가치가 높아진다.

자신의 역량을 효과적으로 발휘할 수 있는 곳을 찾아라

남들이 하니까 나도 한다는 의무감은 버리고 장소를 선택할 때 자신의 역량을 발휘할 수 있는 곳을 찾으면 된다. 예를 들어 평소 뷰티나 패션에 관심이 있어 정보를 수집하거나 사진 찍기를 좋아하는 여학생이라면 패션 마케터와 같은 활동을 찾아보자. 자신이 관심 있는 분야일수록 활동을 수행하는 일이 즐겁고 성취도가 높아진다. 이런 활동과 작은 경험이 쌓이다 보면 하고 싶은 직업으로 폭이 넓어지거나 구체화 되는 계기가 되어준다.

일관된 활동을 통해 역량을 증명하라

한 분야에서 일관된 활동은 뚜렷한 역량과 전문성을 증명할 수 있다. 지원한 회사의 직무가 곧 역량이다. 예를 들어 재무회계 부서를 희망한다면 회계 분야에서 활동해야 한다. 학회 참여, 인턴, 회계 동아리, 회계 자격증 취득 등이 입사 지원을 위한 간접적인 스펙이 될 수 있다.

남다른 열정은 곧 수년간 쌓아온 활동과 그동안 준비하고 노력한 것들을 구체적이고 명확하게 스토리텔링으로 써보자. 대체적으로 기업이 원하는 인재는 다양하고 풍부한 지식과 쌓아온 경험이 해당 직무에 적합하여 전문성으로 성과를 발휘할 수 있는 사람이다.

Where? 어디서 시작할 것인가

역량을 효과적으로 발휘할 수 있는 장소를 선택한다. 장소는 물리적인 공간만 의미하는 것이 아니라 각종 경험과 관련된 분야도 작성할 수 있다. 그리고 그 장소를 통해 얻을 수 있는 것(가치, 경험, 취업 도움)을 담아 적는다. 마지막으로 앞으로 취업하려는 분야와 연관성이 있는지 체크한다. 이 작업을 하다 보면, 일관된 경험과 역량을 쌓을 수 있는 장소를 찾게 될 것이다.

Q1. 자신의 역량을 효과적으로 발휘할 수 있는 장소

역량을 효과적으로 발휘할 수 있는 장소	장소를 통해서 얻을 수 있는 것 (가치, 경험, 취업 도움 등)	앞으로 취업하려는 분야와 연관성
[예] 해외 봉사단	타국에서 봉사 경험을 통해, 헌신이라는 가치를 배울 수 있다. 기본적으로 갖춰야 하는 스펙이라고 생각한다.	☐ 그렇다 ☐ 보통이다 ☐ 아니다
[예] 마케팅팀 인턴	마케터 취업을 원하고 있으며, 인턴 경험이 취업에 도움을 줄 것이다.	☐ 그렇다 ☐ 보통이다 ☐ 아니다

[예] 마케팅 동아리	마케팅 및 광고 공모전 참가, 다양한 실무 경험을 쌓을 수 있다.	☐ 그렇다 ☐ 보통이다 ☐ 아니다

Q2. Q1에 공통되는 장소나 분야가 있는가?

[예] 마케팅

Q3. 전반적으로 취업 분야와 연관성이 있는가? 그렇지 않다면, 어떻게 개선해야 할지 작성해보자.

[예] 다양한 경험을 쌓는 것이 중요하다고 느껴, 하고 싶은 분야 위주의 경험을 쌓아왔다. 그러나 4학년을 앞두고 지원 분야와 관련된 경력과 경험을 정리하면서, 그동안 연관성 없는 경험이 많다고 느껴졌다. 남은 한 학기에 이 부분을 보완하겠다.

Q4. Q1에 작성한 장소가 앞으로 자신의 취업과 어떻게 연계될 수 있는지 작성해보자.

[예] 광고기획이나 홍보 분야의 마케터로 취업을 원한다. 마케터의 역량을 갖추기 위해선 인턴 활동이 도움을 줄 것으로 생각하여, 3학년 여름방학에 인턴을 신청할 계획이다. 그리고 현재는 마케팅 동아리에서 활동하면서, 공모전을 준비하고 있다.

위 내용을 참고로 하여 직접 작성해 보자.

Where? 어디서 시작할 것인가

Q1. 자신의 역량을 효과적으로 발휘할 수 있는 장소

역량을 효과적으로 발휘할 수 있는 장소	장소를 통해서 얻을 수 있는 것 (가치, 경험, 취업 도움 등)	앞으로 취업하려는 분야와 연관성

5. What : 무엇을 해야 할까?

많은 청춘이 앞으로 미래를 위해서 무엇이든 준비해야겠다는 것은 알고 있지만 학교에서 준비할 수 있는 정보는 한계가 있다. 대표적인 정보는 교내 게시판에 붙어 있는 공무원, 전문자격증 준비반 포스터다. 또, 학교 앞을 지나다 보면 현수막에 'OO학번 OO과 OO임용고시 합격'이라는 문구를 보면 그 사람처럼 되고 싶다는 생각을 한 번쯤 해봤을 것이다. 공무원과 전문 자격증으로 몰리는 이유는 불안한 고용시장도 한몫을 한다. 그런 상황에서 청춘들이 생각할 수 있는 최고의 직업은 안정성을 가지거나 돈을 많이 벌 수 있는 직업이라는 생각이 밀려 온다. 학생회관이나 학생들이 자주 지나다니는 곳에는 온통 여러 자격증반 포스터로 도배되어 있다. 심지어 학내에 학원 관계자들이 와서 상담을 해주고 교육 등록을 유도하는 광경을 종종 보게 된다. 심지어 시험에 불합격하면 재수강할 수 있도록 해주거나 수료하면 돈을 돌려주는 제도까지 등장하고 있다.

직업 정보가 어두울수록 이런 정보가 먼저 눈에 들어온다. 조금이라도 남들보다 뛰어나야 한다는 생존경쟁 사회의 아픈 현실이다. 경쟁의 최종 승패는 결국 인성검사와 면접이다. 특히 최종 관문인 면접에서 자신의 역량을 지원 분야와 연관하여 얼마나 일목요연하게 설명하느냐에 달려 있다.

여러 대학의 학생들과 진로와 고민을 상담하다 보면 대체로 실속 없이 바쁘다는 것을 알게 된다. '일단 2학년 마치고 나서 생각할래요.' '시험 끝나고 방학 때 계획을 세워보든가 해야죠.' 대부분 바쁜 일정은 학점, 어학공부, 아르바이트가 주류를 이룬다. 딱히 계획을 세우고 목표를 준비하기보다 남들과 흘러가는 대로 똑같은 바쁜 일상이다. 물론 많은 일정을 소화하면서 학점까지 높은 사람은 거의 없다. 누구나 전부 다 잘하고 싶지만, 가끔씩 한계점에 부딪히고 만다. 뜻대로 몸과 머리가 잘 따라주지 않아 하나를 포기해야 하는 기회비용과 같은 상황에 놓이게 되기도 한다. 솔직히 높은 학점과 목표한 공인 어학 점수를 취득하면서 필요한 경험도 쌓고 싶은 것은 공통된 희망사항이다. 실속 없이 바쁘지 않고, 알찬 미래를 준비를 하려면 어떻게 하는 것이 좋을까?

첫째, 학점에 대한 욕심을 버려야 한다.

청춘들은 만능 엔터테이너가 아니다. 특히 학점에 대한 지나친 욕심이다. 시험을 망치거나 어떠한 이유로 교수에게 미움을 받으면 불안한 마음이 엄습한다. '분명 저 교수님 학점 잘 안 주겠지? 이번 과목은 A 맞아야 하는데' 수업시간만 되면 교수에게 조금이라도 잘 보이기 위해 맨 앞자리에 앉거나 쉬는 시간에 음료수나 커피 조공을 바치는 등의 안간힘을 쓴다. 하지만 그럴 필요가 없다. 그 과목 학점이 B나 C 맞았다고 해서 입사에 크게 영향을 주는 것은 아니다.

둘째, 학교에서 벗어나야 한다.

기업의 채용 환경은 맞춤형 인재를 선별하기 위해서 변화하고 자기소개서의 질문 문항은 점점 역량 중심으로 구조화되고 있다. 경험이 없으면 쉽게 답변하기 어려운 문항이 많아져 가고 있는 추세이다.

따라서 새로운 경험을 찾기 위해서 이론적인 수업의 울타리를 벗어나 사회의 간접적인 경험이 요구되는 것이다. 내가 할 수 있는 쉬운 활동부터 찾아보자. 대표적으로 기업체 인턴이 있다. 인턴은 직무에 필요한 역량을 파악하고 경험할 수 있고 인턴 우수자에게는 정규직 전환의 가능성도 있다.

K 대학교 경제학과를 졸업 후 ○○ 투자증권에서 근무하고 있는 후배 건우는 대학교 3학년 여름 방학에 현재 근무 중인 ○○ 투자증권에서 인턴을 하게 되었다. 비록 인턴이었지만 매일 아침 직원보다 이른 시간에 출근하여 성실함을 보여주었다. 결국, 성실함과 능력을 인정받아 졸업도 하기 전에 정규직으로 채용됐다. 건우는 경제학과가 진로의 폭이 넓은 것 같아도 앞으로 전문성을 가질 수 있는 일을 찾다가 시작한 인턴 과정이 입사에 유리하게 작용했다고 말했다. 건우는 후배들에게 무엇을 해야 할지 망설이지 말고, 자신감을 갖고 나가서 무엇이든 현장 실무에 도전할 것을 강조했다.

셋째, 훌륭한 계획보다는 작은 실행에 옮기자.

목표 설정과 계획을 세우는 것도 필요하지만 거창한 계획을 실행하지 않으면 아무 소용이 없다. 계획을 실행에 옮기는 것이 더 중요하다. 중간에 자신의 계획을 점검하면 전부 실행에 옮기지 못한 것을 알 수 있다. 가급적이면 계획은 무리하지 않고 실행 가능하도록 세워야 한다. 현실과 너무 멀리 떨어져 있는 계획은 꿈에 지나지 않을 수 있다. 현재 자신의 능력을 감안하여 실현 가능한 계획을 중심으로 실행하고, 다음 단계의 계획을 단계적으로 세워 가는 것이다. 이런 습관을 반복하다 보면 성취감을 느끼며 좀 더 체계적으로 계획이 이루어져 갈 수 있다.

앞에서 작성한 Where를 참고로 하여, 구체적으로 무엇을 할 것인지 작성해보자.

Q1. 자신의 역량을 효과적으로 발휘할 장소에서 무엇을 할 것인가?

역량을 효과적으로 발휘할 수 있는 장소	구체적으로 무엇을 할 것인가? (어떤 역할, 위치, 하고 싶은 것)	실현하기 위한 준비사항
[예] 해외 봉사단	구호물품 및 봉사 중 필요한 사항을 수시로 파악하고, 준비하여 팀에 도움 주기, 봉사에 대한 마음 키우기(스스로 내적인 변화가 필요함)	사전에 해외 봉사단을 하기 위한 준비 사항 숙지하기. 블로그나 카페에 해외 봉사단 경험 사례를 참고하여 앞으로의 계획을 세우기
[예] 마케팅팀 인턴	단기간에 전반적인 마케팅 팀의 업무를 배우기 위해 노력함. 선배와의 커뮤니케이션 하는 방법 배우기, 마케터에게 필요한 역량 키우기	마케팅에 필요한 기본지식을 갖는 것이 중요함. 도서관에서 마케팅관련 책을 빌려서 공부하기, 마케팅 분야 인턴 경험이 있는 선배에게 인턴 경험을 인터뷰하기
[예] 마케팅 동아리	팀원으로서 서포터하는 역할, 회의 준비, 각종 공모전 알아보고 팀원에게 정리하기, 공모전 준비 중 팀원에게 필요한 사항을 듣고 팀장에게 건의하기	팀 프로젝트 출전을 위해 동아리 회원끼리 결속이 필요하다고 생각함. 월 1회는 모임 자리를 마련하여 친목을 다지도록 한다.

Q2. Q1을 통해 궁극적으로 얻을 수 있는 것은 무엇인가?

나의 코드가 마케팅과 잘 맞는다는 것을 유추할 수 있었다. 현재는 마케팅 동아리에서 활동한 것 외에는 다른 경험은 없으나, 마케팅 역량을 살려 마케터 인턴이나 서포터즈 같은 역량을 쌓는데 더욱 집중하겠다.

Q3. 지원 직무와 연계할 수 있는 부분이 있는가?

마케팅 동아리 활동에서 팀원을 지원하는 역할이 크다고 느꼈다. 그 이유는 조직에서 높은 성과를 달성하기 위해서는 조직 내의 커뮤니케이션이 잘되어야 한다고 생각한다. 마케팅 동아리에서

OO 공모전에 출전할 때 팀원과의 화합과 팀워크가 잘 이루어졌다. 그 결과 어려운 공모전임에도 우수상을 받을 수 있었다. 이 같은 경험을 비추어 볼 때, 커뮤니케이션이 잘되는 조직은 당연히 성과가 좋다고 본다. 나의 커뮤니케이션이라는 강점을 살려 마케팅 부서의 팀원으로 적합한 사람이라고 강조할 것이다.

위에서 작성한 Where를 참고로 하여, 내가 무엇을 할 것인지 작성해보자.

Q1. 역량을 효과적으로 발휘할 수 있는 장소에서 무엇을 할 것인가?

역량을 효과적으로 발휘할 수 있는 장소	구체적으로 무엇을 할 것인가? (어떤 역할, 위치, 하고 싶은 것)	실현하기 위한 준비사항

Q2. Q1을 통해 궁극적으로 얻을 수 있는 것은 무엇인가?

Q3. 지원 직무와 연계할 수 있는 부분이 있는가?

대학의 1~3학년 재학생에게 "앞으로 진로에 대해서 어떻게 준비하고 싶니?"라고 물어보면 똑같은 대답을 한다. "아직 계획은 없어요, 일단 토익 먼저 해야 하지 않을까요?" 학업 계획은 세우고 있지만 진로 준비는 생각만 할 뿐 여전히 아주 먼 일처럼 미루고 있다.

대학 생활을 어떻게 활용하느냐에 따라 달라진다.

대부분이 대학교 저학년 때부터 진로는 관심 사항에서 거리가 멀다. 그렇다고 해당 대학의 학부에서 진로 지도를 하기도 한계가 있다. 자신도 모르게 학업이나 스펙 준비 등의 이유로 진로 계획은 뒷전으로 밀리고 있다. 대학에서 전공을 열심히 하고 때가 되면 구직을 하겠다는 생각은 금물이다.

대학은 중·고등학교 때와 달리 입시 환경의 제약에서 벗어나 개인에게 자유가 부여된다. 그렇다고 해서 대학이 자유롭게 여가를 보내는 곳이라는 의미는 아니다. 자유롭지만 사소한 일부터 모든 일을 스스로 판단하고 결정해야 하는 20대의 특권이자 책임이 부여되는 것이다.

대학생이 되어 처음으로 수능의 구속에서 벗어나 자유를 맛본 대학 생활은 모든 것들이 즐겁고 영원할 것 같다. 그러나 현실에 부딪히면 환상에서 깨어나야함을 비로소 깨닫게 된다. 대학 생활은 그동안 후회스럽게 보낸 사람이 있는 반면에 알차게 보낸 사람으로 나뉜다.

대학 생활은 앞으로 자신이 선택하게 될 직업에 대한 진지한 탐색과 진지한 물음에 대한 해답이 필요한 시간이다. 안타깝게도 많은 청춘이 스펙만 쌓다가 만족하지 못하는 대학 생활을 마무리하게 된다. 취업 = 스펙이라는 공식이 성립하지 않는다. 물론 기본적인 스펙은 필요하다. 그러므로 알찬 대학 생활을 하기 위해서는 자신의 진로 계획 수립에 맞는 직무 선택과 준비가 병행되어야 한다.

치밀한 계획은 어떻게 해야 할까?

원하는 직장을 위해서 치밀한 계획을 세우고 싶은가? 먼저 하고 싶은 분야 (직무)를 결정하자. 목표 분야가 정해진다면 좀 더 치밀하고 철저한 계획을 세우기가 수월하다.

예를 들어 남학생이 자동차설계 분야에서 일하고 싶다면, 다음과 같은 계획을 세울 수 있다. 우선 자동차설계로 갈 수 있는 회사와 직무를 알아본다. 회사마다 직무에서 요구하는 기능은 약간 다를 수 있으므로 직무와 역량에 맞춰 목표 기업 리스트를 작성한다. 그다음 목표 기업이 요구하는 수준(학위, 학점, 공인영어, 필수 자격증)을 세부적으로 파악한다. 이제 회사가 신입 사원에게 요구하는 일관된 역량을 쌓는 일만 남은 것이다.

구직 계획은 준비를 하면서 최대한 효율적으로 시간을 활용할 수 있어야 한다. 그러기 위해선 일관된 역량을 쌓는 것은 채용 직무 분야의 전문성을 강조할 수 있는 인재를 위한 차별화의 요소다. 기업이 원하는 인재다운 인재 는 언제나 준비된 것이 아니라 각자의 노력을 통해서 만들어지는 것이다. 이 제 자신에게 맞는 명확하고 실현 가능한 동기를 부여하자. 그리고 목표 기업 에 맞는 적합한 인재가 되기 위해 최선을 다해야 한다.

일관된 역량은 어떻게 만들까?

일관된 역량을 만드는 것은 목표를 어떻게 확고하게 잡느냐에 따라 달라 진다. 역량을 증명하는 것은 경험이지만 많은 경험과 활동도 여과해야 한다. 면접 시에 경험을 통해 느꼈던 과정과 결과를 직무와 연계하여 설명할 수 있 어야 한다. 일관된 경험이 곧 직무에 대한 열정이라고 할 수 있다. 역량은 결코 단시간에 만들어 낼 수가 있다.

가치 있는 훌륭한 경험을 만들고자 한다면, 즐겁게 뛰어들 수 있는 것들을 찾아보자. 자신의 진로가 직무와 일치되었을 때 입사 후에도 효과적인 경력 관리를 할 수 있다.

How? 준비는 어떻게 해야 할까

How는 취업 준비에 필요한 지원 분야의 직무 분석으로 세부 직무를 파악하고, 지원 분야를 위한 계획을 세운다. 목표 직무는 3개 이하로 놓고 작성하자. 이 작업은 원하는 분야에 입사 지원하여 합격할 수 있는 확률을 높여 줄 것이다.

Q1. 도표와 같이 목표 직무를 결정하자.

목표 직무	하는 일	목표 직무를 위해 준비할 사항 및 계획
[예] 기술영업팀	산업용 장비, 정보통신 장비, 그 외의 부품이나 제품, 설비의 사용법이나 보수(A/S) 등 기술에 관한 전문적 지식을 활용하여 기계나 장비, 설비 등을 판매하고 고객에게 기술적인 지도를 수행한다.	1. 목표 직무 분야의 정립 목표 직무(예: 기술영업원)와 관련된 직업(예: 네트워크 기술영업원) 중 적합한 분야를 찾아, 관련 있는 회사의 역량을 찾아 입사지원에 참고한다. 2. 목표 회사에 관한 자료 조사 목표 직무를 정한 다음 관련 있는 회사의 기업 분석을 토대로 경쟁 구도에 있는 경쟁사를 파악한다. 경쟁사와의 차별할 수 있는 점, 아이디어 등을 정리한다. 스터디를 통해 기업 자료를 모아 분석하는 시간을 최소화하고, 준비를 철저히 함.

[예] 해외영업팀	해외 바이어에게 상품을 판매하는 데 필요한 영업활동과 해외 판매자에게 상품을 수입하기 위한 영업활동을 수행한다. 자사 제품 수출과 필요한 제품을 수입하기 위하여 해외 구매자 및 구입자와의 접촉, 자사제품소개, 상담, 계약체결, 수출품 의뢰, 해외정보 확보를 위한 시장조사, 해외 시장 동향을 분석한다.	– 홈페이지, 인터넷 뉴스, 코참 비즈 활용 3. 직무 분야의 역량을 쌓기 위한 노력과 준비 인턴십(구체적인 시기와 얻을 수 있는 것) 관련 활동(직무와 관련된 일관된 활동인가?) 자격증 취득 : (예: 유통관리사 2급) 4. 기타 준비 사항

Q2. Q1의 작성 사례를 통해 무엇을 깨달을 수 있었는가?

[예] 막연하게 목표 분야를 영업이라고 규정하였는데, 영업과 관련된 직무 분석을 한 결과 영업 직무가 다양하다는 것을 알 수 있었다. 그 중에 나의 중국어 역량을 살려 해외 영업(중국어)으로 지원할 생각이다. 나의 커뮤니케이션 능력은 원어민 수준으로 중국어가 능통하다는 점을 강점으로 내세울 수 있다.

Q3. Q1에서 세운 계획은 실현 가능한가?(목표 점검 및 계획, 실현 가능성)

[예] 일부 내용은 취업 카페를 참고하여 작성해 보았다. 현재 졸업 유예 중이라 1년 남짓 되는 시간이 주어졌다. 인턴 경험이 없어 취업에 불리할 것 같아서 인턴도 지원하여 관련 역량을 높이는 데 힘을 쏟겠다. 그리고 틈틈이 목표 직무 분야와 관련된 기업 리스트를 만들어 기업에서 요구하는 역량을 파악할 것이다. 만일 인턴이 안 될 경우 부족한 역량을 위해 시간을 쏟기 보다는 강점을 살릴 수 있는 중국어 능력을 언급하여, 나의 역량을 증명하도록 노력하겠다.

How? 준비는 어떻게 해야 할까

How는 취업에 필요한 지원 분야의 직무 분석으로 세부 직무를 파악하고, 지원 분야를 위한 계획을 세운다. 목표 직무는 3개 이하로 놓고 작성하자. 이 작업은 여러분이 원하는 분야에 입사 지원하여 합격할 수 있는 확률을 높여 줄 것이다.

Q1. 목표 직무를 결정하자.

목표 직무	하는 일	목표 직무를 위해서 준비할 사항 및 계획

Q2. Q1의 작업을 통해 무엇을 깨달을 수 있었는가?

　　－

　　－

　　－

Q3. Q1에서 세운 계획은 실현 가능한가?(목표 점검 및 계획, 실현 가능성)

　　－

　　－

　　－

(※ 《한국직업사전》 및 《한국직업전망서》 참고)

08

취업은 진정성이
담긴 스토리다

최근에는 기본적으로 외국어, 해외 경험, 봉사 활동, 인턴, 각종 경연 대외 수상 등의 화려한 스펙으로 무장한 해외 유학파와 명문대 준비생까지 즐비하다. 이들의 학력이나 실력만 본다면 어디에다 내놔도 아깝지 않을 정도로 훌륭한 인재가 틀림없다.

스펙은 점점 상향화되면서 평준화되어가고 있다. 하지만 높은 스펙에 주눅들 필요는 없다. 박근혜 대통령도 '스펙 초월 채용 시스템 구축'을 공약한 만큼 단계적으로 일반 기업에까지 점차 확산될 것으로 보여진다. 고용노동부는 같은 차원으로 '핵심 직무역량 평가모델'을 기업들에 제시했다. 역량 기반 지원서에는 학력·외국어점수·가족사항 대신 직무와 연관한 인턴·단체 활동 경험을 적도록 했다. 또 업무에 필요한 성향(도전정신·글로벌 마인드 등)을 확인하는 질문으로 바꿨다.

그래도 가급적이면 3학년 때까지 목표한 토익은 최소 700점을 받고 4학년 1학기부터는 인턴이나 자기소개서 작성 연습을 계속하면서 기타 다른 서포터즈 활동을 하는 방향으로 준비하는 것이 바람직하다.

주변에 졸업을 앞둔 학생과 상담을 하면, 하나같이 고민거리가 자신이 선택한 이 길이 맞는 길인지 잘 판단이 되지 않는다는 것이다. 여러 군데 입사지원을 하여 떨어지면, 이 직무가 아니라는 생각에 다른 직무를 지원해 보기도 한다. 그나마 면접까지 가면 자신이 떨어진 이유를 어느 정도 가늠할 수 있으나 서류 합격조차 안 되는 사람들도 있다. 서류 불합격 이유조차 제대로 파악하지 못하는 근원적인 문제가 생긴다.

지난해 서울 소재의 4년제 의상디자인과 졸업자 서영이는 어학 스펙이 필요하다고 판단해 1년간 미국으로 어학연수를 다녀왔다. 어학연수 후 스스로 영어 실력이 많이 늘었다고 느꼈고 다른 친구들에 비해 기본 스펙은 절대 뒤질 거라는 생각은 하지 않았다. 그런데 나름대로 자신감있게 서류를 내는 회사마다 전부 떨어지고 말았다.

전혀 예상치 못한 서영이는 충격 그 자체였다. 누구나 선망하는 번듯한 4년제 대학에 어학 실력, 학점 등이 뒤지지 않는다고 생각했지만, 그것은 서영이만의 착각이었다. 위 사례와 같이 그야말로 서류에서 '광탈'을 겪게 되면 누구나 공황 상태에 빠진다. 자신이 무능력하다는 생각에 우울해지고, 집에서 나가기 싫을 정도로 잠만 자고 싶어진다. 목표한 기간 내에 입사하지 못하면, 결국 졸업을 미루고 어학연수나 대기업에서 주최하는 봉사활동 프로그램 등의 이력만 채워 넣으려는 사례도 종종 있다.

사실보다는 진정성이 핵심이다

이력서와 자기소개서에 그동안 해왔던 다양한 경험과 활동만으로는 차별화하기는 조금 부족하다. 대부분 취업 준비생들이 자기소개서에서 자신의 경험을 언급하려고 할 때 다음과 같은 사실로 나열한다.

  ‘20××년 ㅇ월부터 ㅇ월까지 모 기업의 봉사활동을 했고(사실), 그 경험을 통해
  ㅇㅇ를 느낄 수 있었습니다.’

위와 같은 글을 읽었을 때 어떤 느낌이 드는가. ‘아, 이 지원자는 이런 경험을 했네.’ 별다른 감흥이 느껴지지 않고 감동도 없다. 인사 담당자는 자기소개서의 형식만 보아도 스펙을 위해 형식적으로 쌓여진 경험이라는 것을 어느 정도 인지하고 있다. 하지만 대부분의 지원자는 이와 같은 비슷한 경험을 어떻게든 전달하기 위해 노력한다. 사실만으로 인사 담당자의 서류 전형의 대상이 되지 않는다.

“제가 가지고 있는 스펙이 이렇고, ㅇㅇ한 경험을 통해 ㅇㅇ 분야의 역량이 있다고 느낄 수 있었습니다. 뽑아만 주신다면, 최선을 다하겠습니다.”

면접장에서 빼놓지 않고 나오는 흔한 말이다. 매년 수많은 지원자를 채용해 본 인사 담당자는 지원자의 호언장담한 말에 큰 기대는 걸지 않는다.

기업이 원하는 것은 오로지 진정성이 담긴 스토리다. 진정성이 담긴 스토리를 전달하려면 어떻게 해야 할까? 첫째, 자신이 쌓은 경험과 스토리가 곧 무한한 잠재력임을 알리는 것이다. 둘째, 자신이 경험한 사실만 일방적으로 전달하는 오류를 범하지 말자. 셋째, 경험을 통해 느꼈던 진정성을 상대방과 공감하고 공유하는 관계 형성의 스토리 형식으로 전달해야 한다. 넷째, 스토리의 일관된 경험을 지속적으로 실천한 사례를 언급한다. 다섯째, 핵심적인 스토리를 통하여 긍정의 확신이나 새로운 가능성이 느껴지도록 해야 한다. 비슷한 스펙을 가진 지원자들 가운데 진짜 실력을 승부하기 위해서는 이와 같이 해결하도록 방법을 모색해야 한다.

실패는
새로운 기회다

"도전한다고 쉽게 되겠어요? 아무래도 남들이 하는 일반적인 방법으로 하는 것이 가장 수월하지 않을까요?"

세상은 청춘들에게 끊임없이 도전하고, 경험하라고 말한다. 그러나 생각만큼 도전하기는 쉽지 않다. 새로운 것을 찾고 경험하기엔 주어진 시간이 부족한 것 같고, 무엇보다 확신이 없기에 도전은 더욱 두렵게 느껴진다.

수능 성적에 맞춰 대학에 입학한 광수는 전공이 적성에 맞지 않아 공부에 흥미가 생기지 않았다. 광수의 원래 꿈은 초등학교 교사가 되는 것이었다. 학교에 다니는 도중에 반수와 휴학으로 수능을 두 번 치렀다. 하지만 결과는 실패였다. 광수는 두 번째 실패를 맛보고 나서 결국 교대 진학을 포기했다.

광수는 2학년을 마치고 편입을 준비하기로 했다. 현재의 전공으로는 아무것도 할 수 없을 것만 같았다. 편입을 준비하면서 자신이 하고 싶은 일이 무엇인지 진지하게 고민을 했다. 그동안 교대 입학을 위한 수능 공부를 하면서 단지 교사라는 직업이 좋아 보여서 선택하려고 했다는 것을 깨달았다. 그리고 진로에 대한 탐색을 하면서 앞으로 하고 싶은 일이 산업공학과와 관련 있다고 판단했다. 새로운 목표를 가지고 편입을 준비한 결과, 한 번에 합격할 수 있었다.

수능과 편입 준비로 많은 시간을 보내는 바람에 주위 친구들보다 늦었다는 생각을 떨칠 수는 없었지만, 오히려 지난 시험 실패의 경험이 자신이 정말 하고 싶은 일을 찾게 해준 계기가 되었다.

Tip 자기소개서 공채 항목 중 실패에 대한 문항

"지금까지 살아오면서 겪었던 일들 중에 가장 큰 성공 또는 실패의 경험은 무엇이었으며, 성공의 이유 또는 실패를 통해 얻은 교훈에 대해 기술하시오." _네오위즈

"자신의 가장 큰 실패 경험에 대하여 기술하시오." _LG전자/LG이노텍

"최근 5년 동안 귀하가 경험한 대표적인 실패 사례는 무엇이며, 이를 극복하기 위하여 어떤 일을 했습니까?" _아모레퍼시픽

"살아오면서 최고의 경험과 최악의 경험은 무엇입니까?" _풀무원식품

"인생 경험 중 가장 큰 도전은 무엇이었고 이를 어떻게 극복하였습니까?" _푸르덴셜투자증권

"살아오면서 부딪혔던 가장 큰 장애물은 무엇이며, 어떤 노력을 통해 그 난관을 극복하고 목표한 바를 끝까지 완수하였는지 기술하시오." _두산그룹

"지금까지 경험한 가장 큰 좌절(실패 또는 실수)은 무엇이며, 그 경험을 통해 얻은 교훈은 무엇인지 구체적으로 기술하시오." _NH농협

"타임머신이 발명되어 자신이 실패했던 순간으로 하루 동안 다시 돌아갈 수 있는 기회가 있다면 어떤 순간으로 돌아가고 싶으며 그 이유와 어떻게 할 것인지 기술하시오." _BGF리테일

"인생에서 가장 노력을 기울여 도전했던 경험, 그것이 성공했다면 성공한 이유, 실패했다면 실패한 이유를 기술하시오. 또 그 경험이 자신의 삶 또는 가치관에 미친 영향은 무엇입니까?" _한화그룹

"지금까지 인생에서 경험한 가장 후회스러운 순간은 언제이며 그 경험이 향후 자신의 인생 혹은 사회생활에 어떤 도움이 될 것이라고 생각하는지 기술하시오."_**하나투어**

"자신의 경쟁력 및 전문성을 갖추기 위해 목표를 설정하고 이를 이루고자 노력한 과정과 결과로 성공 혹은 실패를 기술하시오. 결과는 주요 성공/실패 요인을 중심으로 작성하시오."_**CJ그룹**

"자신에게 주어졌던 일 중에 가장 어려웠던 경험은 무엇이었습니까? 그 일을 하게 된 이유와 그때 느꼈던 감정과 진행하면서 가장 어려웠던 점과 그것을 극복하기 위해 했던 행동과 생각 결과에 대해 최대한 구체적으로 작성하시오."_**SK그룹**

"다른 사람들이 어렵다고 시도하지 않은 일을 추진하여 성공한 경험 또는 실패한 경험 중에서 가장 대표적인 사례를 기술하시오."_**STX그룹**

"자신이 인생에서 가장 힘들거나 어려웠을 때를 기술하고 이를 어떻게 극복했는지 서술하시오."_**코리아세븐**

"Self-Development 자신의 경쟁력 및 전문성을 갖추기 위해 목표를 설정하고 이를 이루고자 노력한 과정과 결과(성공 혹은 실패)를 기술하시오. 결과는 주요 성공/실패 요인을 중심으로 작성하시오."_**OCI**

"인생에서 성공했던 경험과 실패했던 경험을 기술하시오."_**효성그룹**

"살아오면서 겪었던 가장 큰 성공의 경험과 실패의 경험을 기술하시오."_**우리은행**

"희망 직무 준비 과정과 희망 직무에 대한 자신의 강점과 약점을 기술하시오(실패 또는 성공사례 중심)."_**롯데그룹**

"인생에서 어려움을 극복하고, 성취감을 느낀 경험에 대해서 서술하시오."_**아시아나항공**

"자신이 경험했던 가장 힘든 순간은 언제였으며, 이를 어떻게 극복/해결하였는지 기술하시오."_**포스코그룹**

"지금까지 가장 어려웠던 시기나 일은 무엇이며, 이를 어떤 방법으로 극복하였는지 기술하시오."_**남양유업**

"자신의 장점을 활용하여 성취를 이룬 사례와 단점으로 실패한 사례, 그리고 이 두 가지 경험을 통해 얻은 것에 대하여 서술하시오."_**제일약품**

인생의 경험은 유익하다는 것을 알면서도 새로운 경험을 위한 시간과 물질적인 투자에 대한 불확실성 때문에 시도하기를 망설이게 된다.

그렇다 보니 정답처럼 보이는 스펙을 추구할 수밖에 없는 현실이다. 그렇다면 우리는 왜 정답을 요구하고 있는 것일까? 실패에 대한 두려움이 내재되어 있기 때문이다. 누구나 가급적이면 실패 없는 인생을 원하고 좀 더 안전한 길을 찾아가고 싶은 심리 때문이다.

실패를 두려워하지 말자

20대에 감당하기 힘든 경험은 성공보다는 실패의 확률이 높을 수 있다. 하지만 인생을 걸고 할 만한 일을 젊은 시절에 만나는 건 어쩌면 큰 행운일지도 모른다. 많은 사람이 목표는 있지만, 구체적인 계획과 실천 없이 하루를 살아가는 삶은 무의미하다. 오래도록 재미와 의미를 느끼며 할 수 있는 일을 만나려면 여러 가지를 다양하게 시도해 보고 경험해 봐야 한다. 또한, 그런 시도와 도전들이 당장에 열매 맺지 못하고 실패로 끝난다 하더라도 실망할 필요는 없다. 끊임없이 시도를 통해 맛본 실패는 절대 헛되지 않는다. 지금은 다른 사람들의 '성공 스토리'가 위대해 보일 수 있지만 예측 불가능한 사회에서는 실패에 대한 대처 능력과 경험이 더 중요하다. IT계의 영원한 전설로 남은 애플사의 스티브 잡스도 자신이 만든 회사에서 쫓겨나고, 수년간 그가 만든 많은 제품이 실패했지만 좌절하지 않고 끊임없이 노력한 결과, 세계를 놀랍게 만든 혁신적인 제품인 아이폰을 만들게 되었다.

실패로 다른 관점의 세상을 볼 수 있다

우리는 지금 불확실성의 시대를 살아가고 있다. 미국의 경제학자 갤브레이스Galbraith는 《불확실성의 시대》를 통하여 '사회를 주도하는 지도원리가 사라진 불확실성한 시대'라고 정의하였다. 그는 '두려움을 갖지 말고 문제를 해결해나가고 대책이 필요하다면 결단을 갖고 행동해야 한다'고 주장했다. 국가와 국가 간의 경험하지 못한 종교, 경제, 환경, 이념 갈등 등의 새로운 문제들이 나타나고, 세계의 이상 기후 변화로 큰 자연재해가 동시 다발적으로 발생하고 있다. 국가 간의 눈에 보이지 않는 총성 없는 무역 전쟁도 끊임없이 일어나고 있다. 이런 문제들은 단기간에 해결하는 방법을 찾는 일도 쉽지 않거니와 어렵게 해결 방법을 찾았다 하더라도 다른 여러 문제까지 포함하고 있어 장기적인 전략과 대책이 요구된다.

상황이 이렇다 보니 오늘날 기업들은 학교에서 정답을 맞히는 사람이 아니라 이제까지는 없던 새로운 것을 상상하고 창조하는 인문학적 소양을 갖춘 인재를 갈구한다. 기존의 방식을 넘어 때로는 경계를 가로질러 생각할 줄 아는 창의적인 인재의 시대가 도래한 것이다. 이런 창의성은 어떻게 길러지는 것일까? 바로 다양한 지식, 독서, 인문교양, 심리학, 미학 등의 종합적인 경험의 토대에서 나오는 것이다.

일본의 세계적인 자동차 기업 도요타는 창의성과 관련하여 기업과 현대 사회에서 요구되는 인재는 'T자형 인재'라고 제시하였다. T의 가로 의미는 넓은 지식을 뜻하고, 세로의 의미는 전문 지식을 뜻한다. 경험을 통해 넓고 깊은 지식들이 축적되고, 다른 관점에서 세상을 볼 수 있는 안목이 길러진다. 풍부한 경험이야말로 다른 관점과 새로운 생각이 자랄 수 있는 토양이 된다. 또한, 다양한 일들을 새로운 시각과 관점에서 해결할 수 있을 것이다.

실패는 성공의 과정이다

실패는 다양한 스토리를 만들 수 있다. 실패를 통해 더욱 단단해지고 할 이야기와 쏟을 에너지가 많다는 것을 보여주자. 주로 불확실한 상황에서 경험한 나의 이야기, 남이 아닌 나였기에 경험이 가능했던 이야기들이다. 당장 열매 맺지 못하는 실현 불가능한 일이라 해도 한 번쯤 시도하는 것이 진정한 청춘의 특권이다. 세상의 두려움을 모르는 청춘. 바로 이것이 내가 이순간 살아있음을 느끼는 것이다. 세네카의 명언 중에 이런 말이 있다.

우리가 도전할 수 없는 것은 상황이 어렵기 때문이 아니라
상황이 어렵다는 사실에 우리가 감히 도전하지 못하기 때문이다.

자신이 시도한 일에 실패를 했다면 그 순간 긍정적으로 받아들이고, 감사하며 실패와 직접 대면해야 한다. 그리고 나에게 왜, 어떻게 일어났는지 알아야 한다. 그 답을 찾는 과정을 통하여 더 성장할 수 있다.

10

성공 경험을
스토리텔링 하라

기업의 자기소개서 항목에서 지원자에게 자주 던지는 질문은 무엇일까? 다름 아닌 목표를 성취하기 위한 노력과 과정이다. 예를 들면 다음과 같은 문항이다.

- 도전적인 목표를 정하고 열정적으로 일을 추진했던 경험을 구체적으로 기술하시오. 특히, 일을 추진해 나가는 데 있어서 어려웠던 점과 그 결과에 대해서 중점적으로 기술하시오. (LG디스플레이 2011년 하반기 대졸 신입 공채)
- 남들이 생각하지 못한 새롭고 참신한 아이디어를 적용하여 좋은 결과를 거둔 경험에 대해 기술하시오. (STX 2010년 상반기 인턴 모집)
- 다른 사람이 어렵다고 시도하지 않은 일을 추진하여 성공한 경험 또는 실패한 경험 중에서 가장 대표적인 사례를 기술하시오. (STX 2010년 상반기 인턴 모집)
- 성장 과정에서 도전적인 목표를 설정하고 끈기 있게 실행하여 성과를 창출한 경험에 대하여 작성하시오. (한국타이어 2010년 하반기 신입 공채)

　자기소개서 문항이 점점 세분화되면서, 단순히 경험이라는 사실에 집중하는 것이 아니라, 성과와 결과에 초점을 맞추고 있다. 이러한 문항을 작성할 때 가장 어려움을 겪게 되는 이유는 '스토리가 없거나' '스토리를 찾지 못해서'이다.

　처음부터 스토리를 만드는 것은 쉽지 않다. 만일 스토리가 있다 해도 두루뭉술하거나 효과적으로 표현하지 못한다면 다른 지원자들과 별반 다르지 않을 수 있다. 성공했던 경험을 효과적으로 이야기하는 방법을 찾아보도록 하자.

성공했던 경험을 되돌아보자

　큰 성과를 거두거나 상을 탔던 경험만이 반드시 성공이라고 보기는 어렵다. 20대에 얻을 수 있는 성공은 분명 한계가 있다. 대체적으로 국가 기관, 기업체 등의 공모전이나 각종 대회는 이미 많은 이들이 대학교 저학년 때부터 각종 대회를 목표로 시간을 투자하고 있다. 결국은 비슷한 스펙에서 경쟁하는 셈이다. 그렇다면, 성공한 경험의 스토리텔링을 위해서는 어떻게 해야 할까? 나중에 자기소개서를 작성할 때 기억에 의존해서 쓰는 것 보다는 있었던 일들을 잘 기억하여 그때마다 기록해 두는 습관을 지녀야 한다.

　성공 경험을 체계적으로 정리하는 방법으로 다음의 시트로 작성해보자.

B : 5가지 질문에 대답해 보자.

Q1. 왜 그것을 했는가?
Q2. 어떻게 진행했는가?
Q3. 협력해준 사람이 있었는가? 있었다면 어떻게 도와주게 되었는가?
    왜 협력이나 협조를 받았는가?
Q4. 성공으로 바뀌게 된 계기는 무엇인가?
Q5. 경험을 통해 나만의 어떤 특징을 발견할 수 있었는가?

위의 시트(《당신의 천직을 찾아주는 최강의 자기분석》참조)는 단순하게 성공 경험을 강조하지 않았다. 중요한 것은 경험을 통해 성공으로 바뀌게 된 계기와 나만의 특징을 발견할 수 있었다는 점이다. 학창시절의 성공 경험이 반드시 기업의 업무 성과로 연계되는 것은 아니다. 다만 성공 경험까지의 스토리와 과정에 집중하는 것이다. 이는 어떤 방식으로 일을 처리하는 방법이나 성과에 기여할 수 있는 가능성을 본다. 아래 A의 사례를 살펴보자.

A : 성공했던 경험의(예 : 자작 자동차 대회 출전)

B : 아래의 5가지 질문에 대답해 보자.

Q1. 왜 그것을 했는가?
전공인 자동차학과 내에 자작 자동차 동아리가 있었다. 전공도 살리고 자동차 관련 분야에 적성과 흥미를 살리고 싶어 동아리에 가입하게 되었고, 방학 때는 자작 자동차 대회를 준비했다.

Q2. 어떻게 진행했는가?
자작 자동차 대회는 1년에 한 번 있었다. 규모가 큰 대회이므로 전국의 대학생들이 참가했다. 대회 참가를 위해 팀을 구성해야 했는데, 각자의 역할을 분담하기 위해 팀장과 팀원을 선발했다. 나는 팀장으로 선발되었고, 대회 날까지 팀원들을 독려하면서 준비를 철저히 해야 했다. 그러나 대회 준비는 쉽지 않았다. 프로젝트를 진행하면서 의견이 충돌해서 싸우는 일도 있었고, 감정에 이기지 못해 그만두겠다는 팀원들도 나왔다.

그럴 때마다 팀원의 처지에서 생각하려고 노력했고, 프로젝트 진행 중 불만 사항을 수시로 수렴하여 개선하기 위해 노력했다. 만일 대회에서 수상하지 못하더라도 프로젝트의 핵심은 하나가 되는 것이었다. 그렇게 팀을 떠나겠다던 팀원들은 다시 의기투합하여 여름 방학 동안 대회 준비에 최선을 다했다.

Q3. 협력해준 사람이 있었는가? 있었다면 어떻게 도와주게 되었는가? 왜 협력이나 협조를 받았는가?

처음에는 의견 충돌로 프로젝트 진행에 어려움이 있었고 중간에 그만둔 사람도 있었다. 그런 상황에도 팀원들에게 열심히 하는 모습을 보여주기 위해 최선을 다했다. 그러자 나의 이런 모습에 팀원들이 협조를 해주기 시작했고, 결국 팀원들이 하나가 될 수 있는 계기가 되었다.

Q4. 성공으로 바뀌게 된 계기는 무엇인가?

자작 자동차 대회에서 갑자기 자동차가 시동이 걸리지 않는 불상사가 생겼지만, 침착한 자세로 다시 시동을 켜려고 노력했다. 그 결과 3위를 하게 되었다. 1위를 목표로 하고 준비한 노력에 비해 3위는 아쉬움이 남았지만, 팀원들은 실망하지 않았고, 오히려 서로 잘했다는 칭찬을 해주었다. 이 경험을 통해 팀의 조화와 팀원과의 협력의 중요성을 알게 되었다.

Q5. 경험을 통해 나만의 다른 특징을 발견할 수 있었는가?

목적을 생각하고 행동한다. 넘어졌다가도 다시 잘 일어나는 편이다. 긍정적(혼나도 잘 받아들인다)이며 여러 방법을 시도해본다. 두려워하지 않고 사람들에게 잘 다가간다. 끈기가 있다. 조화를 중요시한다.

지금부터라도 성공 스토리를 적어보자.

위 A의 사례를 통해 그는 자작 자동차 대회에서 1등을 할 수는 없었지만, 프로젝트에서 '팀의 조화와 협력'이 중요하다는 것을 깨달을 수 있었다. 그리고 자신의 특성을 발견하게 되는 계기가 되었다. 이제 자기소개서를 어떻게 작성해야 하는지 확실히 알게 되었다.

한 페이지도 채 안 되는 스토리에서 성장 과정, 성격의 장단점, 지원 동기가 보인다. 따라서 스토리 구성에는 반드시 2W1H에 대한 내용이 들어가야 한다. 즉, 왜 했는지WHY 무엇을 준비했는지WHAT, 어떻게 일하고 싶은지HOW는 필수 사항이다. 입사의 꿈을 위해 경험을 진실되게 작성하는 연습을 가볍게 여기지 말아야 한다.

11

준비된 인재가
되기 위한 조건

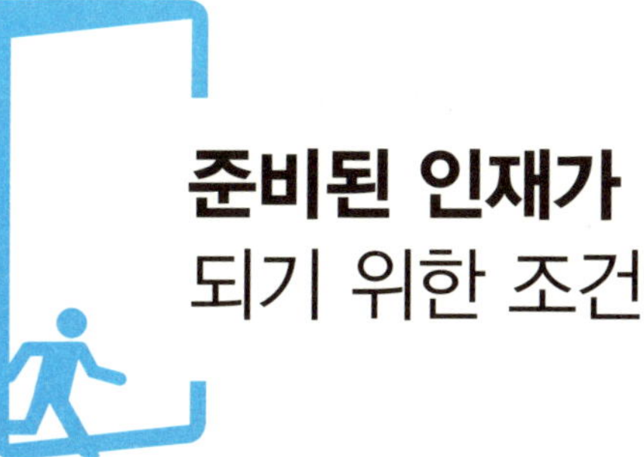

대부분이 입사 지원서를 작성할 때, 남들보다 열정과 패기가 넘치도록 남다른 포부를 적어서 서류 합격률을 높이려고 할 것이다. 때로는 한꺼번에 여러 직무를 도전하는 경우도 있다. 그렇지만 기업은 효율적인 채용을 위해 필터링 제도(필터링 항목 : 전공, 나이, 학력, 외국어 점수, 자격증, 학점, 출신학교 등)를 활용한다. 또, 요즘 기업은 열린 채용을 위해서 평가 시 중점을 두는 항목이 성실성과 책임감, 전문성, 창의성, 비즈니스 능력, 팀워크, 주인의식, 열정, 도전정신 순으로 비중을 두고 있다.

결국 지원자들은 엄격하고 까다로운 심사에 지쳐서 모든 걸 놓아 버리고 싶을 것이다. 탈락의 정확한 원인을 모른 채 무작정 지원하는 일은 에너지만 소비하는 일이다.

지원 분야의 전문성은 기본이다

예를 들어 영업이면 영업, 품질관리는 이와 관련된 분야에 대한 전문성이다. 기본적으로 지원 분야 산업의 전반적인 이해와 인재상, 비전과 같은 내용을 인터넷이나 관련 기관을 통하여 확실하게 숙지해야 한다.

잘 녹여 들어간 마인드와 열정

정말로 기업에서 필요하다고 느낄 수 있는 인재가 되기 위해서는 자신의 전문성과 잠자고 있는 열정을 깨워야 한다.

최근 통계에 의하면 대기업에 입사하더라도 1년 이내에 퇴사 확률이 30퍼센트라고 한다. 그만큼 조기에 퇴사하고 다른 기업으로 이직하는 직원이 늘었다는 것이다. 조기 퇴사는 기업 입장에서 상당한 손실이다. 따라서 기업은 최대한 손실을 막고, 오랫동안 근속할 수 있는 직원을 채용해야 한다. 그래서 인사 담당자는 무엇보다도 지원자의 자세가 중요한 심사 대상이다.

많은 사람들이 왜 자신은 합격하지 못하는지, 아무리 조언을 구하지만 잘 모르겠다고 한다. 과연 이론적인 지식과 잘 포장된 입사지원서로 합격할 수 있을까? 나에게 열정이라는 항목은 몇 점인지 스스로 점수를 매겨보자.

열의가 있는 것처럼 행동하면 자신에게도 열의가 있는 것처럼 느껴진다.
열의없이 성취된 위업은 하나도 없다. – 에머슨

인사 담당자를 사로잡을 수 있는 일에 대한 자세와 열정의 항목이 빠져 있지 않은지 다시 점검해보자.

자신만의 차별성을 보여라

비슷한 조건으로 합격한 사람들, 그들은 왜 합격했을까? 자신과 별반 다르지 않은 친구들의 스펙으로 합격한 것은 아니다. 그들 나름의 인사 담당자를 사로잡을 만한 차별성과 진정성을 가지고 있었기 때문이다.

특히 다른 지원자와 면접을 보다보면 옆 지원자의 전문성을 갖춘 것처럼 보이는 화려한 언변에 주눅이 들 때도 있다. 하지만 각 기업의 인사 담당자들은 전문성만 보고 판단하지 않는다. 서류 전형 통과의 의미는 같은 선상에서 면접을 볼 기회가 생긴 것이다.

따라서 최종 승패는 면접에 달려 있다. 면접 방식에는 일대일, 다대일, 집단면접 등의 방식이 있다. 지원하는 회사가 어떤 면접 방식을 택하는지 파악하여 이에 대해 실전같은 준비를 해야 한다. 즉 복장, 답변 태도, 외모, 시선 처리, 다른 사람의 말에 경청하는 자세 등을 중점적으로 연습해야 한다. 이런 것은 작고 사소한 것으로 여길 것이 아니라 자신만의 있는 그대로의 차별성과 진정성을 인사 담당자에게 보여주는 것이다. 많은 지원자 가운데 차별화된 나를 보여줄 수 있는 방법을 생각해 두는 것도 좋다. 준비된 면접용 대답은 의미가 없고 면접관의 예상 외의 질문에 숨이 막혀 버릴지도 모른다.

어느 기업이나 직원 선택의 기준은 입사 후 해당 부서에서 한 팀원으로 조직과의 관계가 원만하고 상사나 선배의 지시사항을 명확히 파악하고 목표를 성취하려는 열정을 가진 인재, 능동형 인재, 전문성을 갖춘 사원을 원한다. 따라서 아무리 열정을 보이려 해도 경험에서 묻어나오는 열정과 말로만 하는 열정은 다를 수밖에 없다. 만일 지원 분야의 경험을 쌓을 시간이 부족한 상황이라면, 관심이 있거나 가장 자신 있는 분야로 차근히 준비하는 방법을 선택하라. 한 분야만 집중하고 몰입한다면 충분히 가능성이 있다.

12

채용 조건에 맞는
맞춤형 인재가 되어라

사람들은 인생의 앞만 보고 달려가기에도 여유가 없다. 살아온 뒤를 돌아보며 살라고 가르쳐주는 사람은 거의 드물다. 때문에 한순간의 여유를 찾지 못하는 일상이 되고 만다. 이처럼 앞을 위해 나가야 하는 모든 사람은 마음이 괴롭다. 실제로 기성세대가 이 고통을 겪지 않은 사람이라면 아무도 공감할 수 없다.

그렇다고 하여 귀중한 경험을 버리는 실수는 하지 말자. 취업의 핵심은 피상적인 정보를 통해 내 머리로 알고 느껴왔던 기업이 아닌, 기업이 생각하는 인재상이다.

즉, 기업의 입장에서 생각하고 면접관의 질문이나 요구 사항에 대응하도록 준비하면 한결 쉬울 것이다. 기업의 인사 담당자가 가슴으로 느껴지는 지원자, 꼭 채용하고 싶은 인재로 거듭나기 위해선 지원 직무와 자신의 경험과 맞물린 차별화된 입사 지원 동기와 포부, 전략을 가져야 한다.

예를 들면 지방의 법학대학을 졸업한 종근 선배는 ROTC 장교로 제대하고 현재 모그룹 계열사에 재직하고 있다. 종근 선배는 내가 대학교 1학년 때부터 알고 지내던 선배였는데, 선후배 사이에서 항상 바쁘기로 유명했다. 매학기 성적 장학금을 놓치지 않았고 여러 대외 활동을 섭렵해왔다. 종근 선배는 다양한 사람들을 사귀는 것을 좋아했고, 외모가 특출 나지 않았지만 친근함과 특유의 말솜씨로 선후배에게 인기가 있었다.

종근 선배는 예전부터 자신의 이력과 활동 사진을 싸이월드에 꾸준하게 올렸다. 그만큼 꼼꼼하게 이력과 활동 사항을 잘 관리해왔고 대외 활동도 경험만 늘리기보다는 지원 분야 위주로 경력을 쌓았다.

따라서 선배는 취업이 두렵지 않았다. 대학 생활 동안 남들과 차별화된 경력과 이력이 충분히 승산이 있을 것으로 생각했기 때문이다. 지원서를 작성할 때에도 자신의 경력 사항을 지원 직무와 연관하여 자기소개에 경력과 기술 등을 기재하였다. 면접은 채용할 수밖에 없는 수년간 쌓아온 전문적인 경험과 매력적인 언변으로 면접관의 마음을 단숨에 사로잡았다.

채용되어야 할 내가 아닌 채용되는 내가 되기 위해선 종근 씨와 같은 자신만의 개성, 탁월함을 갖춰야 한다. 대학에 입학하면 4년이라는 같은 시간이 주어진다. 그 시간을 어떻게 활용하는 여부에 따라서 4년 후의 새로운 인생이 결정된다.

Tip 이력서 작성 시 필수사항

1. 목표 의식과 목표 분야를 명확히 적는다.
2. 사진은 미소짓는 모습의 정장차림을 부착한다.
3. 직무와 관련한 경력과 자격증을 기재한다.
4. 간단 명료하게 작성하며 맞춤법에 맞도록 작성한다.
5. 허위 사실을 적지 않고 솔직하게 적는다.

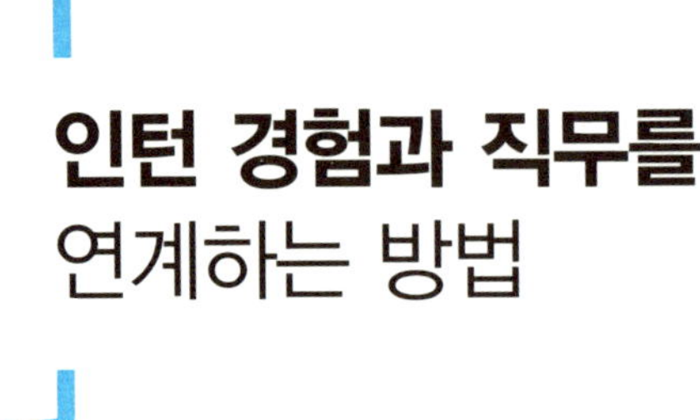

13

인턴 경험과 직무를
연계하는 방법

매년 인턴을 뽑는 기업은 점점 늘어나 우수 인재를 선발하기 위한 채용제도로 자리를 잡아가고 있다. 이는 구직자에게 정규직으로 가는 빠른 방법 가운데 하나의 방법이 되고 있다. 인턴은 사회 경험이 없는 사람에게는 대외활동 경험의 이력을 쌓을 좋은 기회이다. 한 때 청년인턴제 및 기업의 인턴제도가 청년실업을 근본적으로 해결하지 못한다는 지탄을 받기도 했으나, 청년층 일자리 창출을 위해서 인턴은 앞으로 계속 확산될 전망이다.

인턴이 입사에 도움이 될 수도 있겠지만, 인턴 과정 후에 정규 채용이 될 수 있는 여부다. 인턴 종료 이후 해당 기업에 입사되는 것은 아님을 유의하자. 인턴제의 효과적인 방법은 무엇이 있을까?

직무 성격에 맞는 인턴 경험

최근에는 '인턴을 위한 스펙 쌓기'라는 말이 나올 정도로 인턴 경쟁은 심화되고 있다. 특히 주요 기업의 인턴은 정규직과 같이 매우 치열하다. 인턴이 채용에 영향을 주기 때문에 수많은 지원자가 몰릴 수밖에 없다.

그러나 분야와 직종에 따라서 다르며 인턴이 서류 면제 또는 채용 시 가산점을 받는 혜택 등의 유리한 조건일 뿐 취업의 보장은 없다. 오히려 일관성 없이 쌓은 인턴은 독이 될 수도 있기 때문에 직무와 관련이 없는 회사에 지원 시 인턴 이력을 삭제해야 하는 상황이 발생하기도 한다. 인턴 경력을 효과적으로 활용하고 싶다면 기업을 목표로 하지 않고 지원 분야의 직무를 보고 지원하는 것이 현명하다.

예를 들어 마케터 직종의 구직을 희망한다면 마케팅 부서의 인턴 경험을 하는 것이 바람직하다. 물론 인턴을 한다고 해서 회사의 전반적인 마케팅 업무를 알기는 어렵지만, 해당 직무의 이해는 남보다 훨씬 빠를 수밖에 없다.

인턴으로 적성을 발견할 수 있다

직무를 정하지 않고 구직을 준비한 사람은 오히려 일관되게 인턴을 하라는 것이 낯설게 보일 수 있다. 인턴의 장점은 취업 시 가선점 외에도 기업문화를 이해하는 데 도움이 된다. 그리고 자신의 적성이 맞는지도 점검할 수 있다. 또 피상적으로 알았던 직장생활에 대한 경험이 새로운 일자리를 찾는 데 참고 사항이 된다. 뜻밖에 자신의 적성 분야를 찾아 목표 직무로 설정하여 준비할 수 있는 계기가 되기도 한다.

취업 준비생이 입사지원 시 가장 어려움을 겪는 것은 지원 직무 분야의 이해 부족이다. 강의 시간에 두꺼운 책과 수업에서 들었던 지식은 실무와 많이 다르다. 특히 같은 직무라 해도 회사마다 업무적인 차이가 있다. 인턴 경험을 하면서 실제로 자신이 부딪힌 경험을 살리는 것이 유리하다.

회사에서 인턴은 아쉽게도 정규직도 실업자도 아닌 애매한 위치에 놓여 있다. 회사를 이해하고 일을 실전으로 경험해 보는 유익함을 주는 동시에 실업의 경계에 선 불안이 공존한다. 정해진 계약기간과 종료 후의 불투명한 미래로 마음이 불안할 수 있다. 인턴으로 지내다 보면 간혹 직원이 아니라는 마음에 적당히 하자라는 마음도 생긴다. 사무직 인턴의 경우 업무는 대체로 자료조사, 아이디어 제출, 프리젠테이션 등이다. 특히 하루 업무 중에 회의 자료를 위한 복사나 팩스와 같은 잡무에 시달리다 보면 일에 대한 회의감도 들 수 있다.

지난해 초에 국내 자동차그룹 현대자동차에 공채로 입사한 호석 씨는 입사 전에 해외영업팀에서 인턴 과정을 하게 되었다. 사실 현대자동차는 신입사원 공채 규모가 작아, 인턴을 하면서도 불안한 마음을 감출 수 없었다. 회사 선배들도 공채 인원 규모 및 인턴 정규직 전환 여부가 불확실하다고 느껴 호석 씨에게 미안함을 표했다. 그러나 호석 씨는 만일 입사하지 못해도 최선을 다해 인턴을 마무리해야겠다는 다짐으로 근무를 했다. 호석 씨의 평소 근무하는 모습은 팀장이나 직원들도 감탄하며 인정할 정도였다. 결국, 인턴 과정이 끝나고 호석 씨는 실력을 인정받아 공채에 합격하였다.

어려운 경쟁을 뚫고 일하는 인턴이지만 잠시 거쳐 가는 경험이라는 마음으로 해서는 안 된다. 인턴 과정은 인맥 형성뿐 아니라 자신의 능력을 검증받을 좋은 기회의 장이다. 실무 능력은 서투르고 부족해도 직장 선배들과 가까워지려고 하고, 하나라도 진지하게 배우려는 자세로 근무하여야 부서 동료들이 자신을 다르게 인식할 것이다.

Tip 인턴 성공을 위한 전략

■ **기본에 충실하라.**

모든 회사가 드라마에서 나오는 것처럼, 정시 출퇴근이라는 생각은 금물이다. 회사가 정한 출근 시간보다 30분 일찍 출근하는 것은 기본이다. 업무 시작 전 30분은 그날의 업무 내용을 확인하고, 미리 준비하는 시간을 갖는다.

■ 낯선 직원에게 먼저 인사하라.

인턴사원이 얼마나 일을 잘하겠는가? 인턴에게는 업무적인 기대보다는 가능성을 둔다. 그 중에서도 인사를 꼽을 수 있는데, 인사만 잘해도 80점을 얻을 수 있다는 점을 명심하자. 만일 회사에서 모르는 타 부서 사람이 인사했을 때, 우선 답례를 한 후에 주위 동료나 선배에게 누구인지 확인한다. 다음에 마주쳤을 때는 먼저 가벼운 인사말을 건네도록 한다.

■ 단순 업무라도 프로 정신으로 일하라.

인턴이 맡는 대부분의 일이 단순한 업무일 확률이 높다. 주로 문서 정리나 복사, 팩스 보내는 것들인데, 단순한 업무라 해서 불평하거나 불만스런 행동을 해서는 안 된다. 신입은 가장 단순한 일부터 시작해야 한다. 단순한 일이라도 프로 정신을 가지고 효율적인 방법을 찾고 실수를 줄여야 한다. 어느 순간부터 직장 상사가 당신을 보는 눈빛이 달라질 것이다.

■ 적극적인 자세와 마인드를 지녀라.

내 일이 끝났다고 해서 바로 퇴근하기보다는 선배나 상사에게 더 도울 일이 없는지 질문하라. 좀 더 회사에서 적극성을 가진 인재로 보일 것이다. 그리고 업무를 수행하는 과정에서 문제가 발생했을 때 되도록 상사에게 빨리 보고를 하고 도움을 요청하자. 또한, 발생한 문제에 대해 책임을 지고 적극적인 자세로 해결하려는 의지를 가져야 한다.

■ 창의적인 인재라는 인식을 심어주자.

일을 하다가 갑자기 떠오른 아이디어가 말도 안 되는 아이디어거나 부족할 수 있다. 하지만 이와 같은 것도 회의 자리에서 적극적으로 언급하면서, 자신이 창의적인 사람이고, 창의적인 사원이 되기 위해 노력하고 있다는 점을 보여주자. 이런 자세는 회사로 하여금 긍정적인 인상을 심어 줄 수 있다.

14

3C 역량을 갖춘
인재가 되자

최근 통계청에서 발표한 고용 동향 자료에 의하면 지난해 여름 취업자 수는 2,285만 여명으로 가장 적은 증가 규모이고, 20대 취업자는 4개월 연속 마이너스를 기록했다. 기업 열 곳 중 여섯 곳은 지원자의 스펙이 상향평준화되면서 기업이 원하는 인재상에 맞는지를 다각도로 평가하는 방식으로 전형 절차가 바뀌었다.

기업체에서 원하는 인재상은 화려한 스펙 대신 성실성과 전문성, 창의성 등이 포함되어 있다. 인재상이란 말 그대로 기업이 원하는 인재의 모습을 표현한 것으로 기업이 가장 원하고 중요시하는 요소를 담고 있다. 또한, 지난해 채용 조사에서 사원을 뽑을 때 인재상을 중시한다는 기업이 조사 대상의 89.2퍼센트가 될 정도로 기업에 적합한 인재를 선별하는 것이 채용 절차의 주요 과제가 되었다. 채용 절차는 점점 까다로워지고 사람들은 채용 시즌만 되면 이력서와 자기소개서에 자신이 기업에 맞는 인재라는 것을 담아내려는 전략을 펼친다.

"자기소개서를 쓰다 보면 때로는 작가가 된 기분이에요."

공채 시즌이라 취업 카페에 글을 보면, 자기소개서 작성에 많은 어려움을 느끼는 지원자 많다. 조직과 회사에 적합한 인재임을 부각하기 위해, 이런 경험 저런 경험을 말도 안 되게 붙여서 작성한다. 방향을 잡지 못한 자기소개서는 제출하지 않는 것이 낫다. 솔직하면서 진정성이 담긴 자기소개서를 작성하려면 아래의 '3C 역량을 갖춘 인재'에 주목해보자.

3C 역량을 갖춘 인재에 주목하라

오늘날 우리 사회는 지식 정보화, 첨단 과학문명의 사회로 빠르게 성장하면서 국제화 시대에 걸맞은 정보 수집과 활용 역량이 요구되고 있다. 그리고 예상치 못한 돌발 상황에 대처하고 구조적 문제를 해결할 수 있는 역량, 시장에서 가치가 있는 아이디어를 빠르게 실행시키는 역량, 기업의 핵심 가치와 중요성이 주목받으면서 새로운 인재상이 필요하게 되었다. 이러한 시대 흐름을 맞춘 인재는 다름 아닌 적합 인재right people이다(《참조 : 취업 서바이벌》). 적합 인재가 되기 위해서는 3C 역량인 역량competency, 인격character, 헌신commitment에 주목해야 한다.

역량은 직무를 성공적으로 수행하는데 필요한 능력과 자질을 말한다. 단지 지원 분야가 좋거나 잘할 수 있을 것 같다는 것과는 차원이 다르다. 역량은 객관적으로 관찰 가능한 부분과 겉으로는 드러나지 않는 역량이 있다. 역량을 크게 두 가지로 구분하면 한계역량은 최소한 갖추어야 직무를 수행할 수 있는 역량이며, 차이역량은 수준에 따라 실적이 좌우되는 역량이다. 입사 후에도 지속적인 성과 여부를 낼 수 있어야 한다. 역량을 갖추기 위해서는 자기 분야에 대한 전문적인 지식과 노하우를 갖추고 일인자가 되기 위해 끊임없는 노력이 필요하다.

인격은 조직에 적합하고 함께 일하고 싶은 호감을 불러일으키는 성격이다. 대개 많은 지원자가 회사에 가장 적합한 성격을 지녔음을 강조하고, 자기소개서나 면접에서 성실성, 책임감, 열정을 갖춘 인재라고 말한다. 많은 지원자가 비슷한 문구로 자신의 성격을 장점화 하는 방식으로 나열하고 있다. 인사 담당자는 지원자가 겉으로 보기엔 그럴싸해도 실제로 뚜껑을 열어 보면 그렇지 않다는 것을 잘 알고 있다.

그래서 지원자의 성격이 가장 조직에 적합한 사람인지 판단하기 위해 지원자의 조직 적응력과 커뮤니케이션, 융합, 타인과의 관계를 살펴 선발한다. 자신의 강점이 타인과의 융화와 적극성을 가지고 있다고 생각하면, 인사 담당자를 설득할 만한 실제 성격과 관련된 사례 위주의 근거를 덧붙여 보여 주어야 한다.

헌신은 회사를 위해 희생할 수 있는 마음이다. 입사를 위해 지원자들은 입을 모아 "회사에 헌신하며 충성하겠습니다"라고 말한다. 그러나 실제로 입사하고 나면 애사심은 떨어지고 회사에 대한 불만이 생겨 퇴사나 이직을 고려한다. 최근 1년 내 조기 퇴사하는 신입사원 비율이 30퍼센트에 육박하는 현실을 비추어 볼 때, 회사에 대한 애착과 애사심의 중요성이 강조될 수밖에 없다. 아무리 뛰어난 역량을 지닌 인재라 해도 애사심이 없으면, 주어진 업무의 성과나 목표를 이루기 어렵다. 그러므로 회사에 대한 자세와 태도는 적합 인재를 선발하기 위한 가장 중요한 요소의 항목이기도 하다.

자기소개서를 작성할 때, 지원 동기와 입사 후 포부에 해당하는 헌신은 업무 목표를 완수하기 위한 열정과 헌신, 그에 따르는 자세와 태도는 지원자의 진정성을 보여주기 위한 항목이므로 최대한 진실 되게 표현하자.

"인재상 중에 자신과 가장 잘 부합하는 것을 한 가지 선택한 후 팀(조직) 경험과 함께 기술하시오."_ CJ그룹

"개인적인 어려움과 희생을 각오하고 윤리적, 도덕적으로 행동했던 경험이 있다면 서술하시오."_금호아시아나

"당사의 5대 가치 실현을 위해 귀하가 지원한 직무를 수행함에 있어 해야 할 것과 하지 말아야 할 것을 서술하시오."_아모레퍼시픽

"당사 비전의 대한 당신의 생각을 서술하시오."_풀무원

"당사가 지향하는 다섯 가지 중요한 핵심 가치가 있습니다. 다섯 가지 중 두 가지를 선택하여 지금까지의 학교생활과 기타 사회 경력을 통하여 당사의 핵심 가치와 부합하는 업적 또는 실제적인 삶의 모습과 경험을 쓰시오."_SC제일은행

"자신이 생각하는 '주인의식'이란 무엇이고 그러한 생각을 실제로 실천한 경험이 있다면 구체적으로 기술하시오."_대우건설

"당사 인재상(뛰어난 장사꾼, 안목이 남다른 인재, 명예를 존중하고 확고한 도덕성을 갖춘 인재, 세계적 능력을 갖춘 인재) 중 자신과 가장 잘 부합하는 것을 한 가지 선택 후, 자신의 경험과 함께 구체적으로 기술하시오."_LG생활건강

"지원한 직무에 대하여 자신이 왜 적합한지를 기술하시오."_한솔EME

"당사 기업문화 3대 핵심가치(Pride, Passion, Customer)에 부합하는 자신의 모습을 구체적으로 기술하시오."_현대하이스코

"당사가 대한민국의 행복파트너가 되기 위해 우선적으로 추진해야 할 사항 세 가지를 작성하시오."_우리은행

"당사 직원으로서 갖추어야 할 기본적인 7대 핵심 가치는 고객지향, 팀워크, 실천, 신뢰, 열정, 명예, 혁신입니다. 자신의 7대 핵심 가치를 비교하여, 귀하와의 부합 정도가 가장 낮은 한 가지를 선택하고, 선택의 이유 및 개선을 위하여 어떠한 노력을 기울일 것인지에 대해 기술하시오." _한국외환은행

15

직무를 정확히 알고
지원하라

얼마 전에 있었던 일이다. 어느 지방경찰청의 정보통신 관리자가 나에게 구인을 의뢰하기 위해 연락을 했다. 직접 구인이 아닌 외부 용역(외주업체)이라는 생각이 들어 담당자와 통화를 계속 이어나갔다.

"대략적인 구인 조건을 알려주시겠어요? 예를 들면 채용 연령, 성별, 자격증, 연봉 조건 등이요."

"네, 일단 2년 계약직이고요, 본청에서 상주하면서 주로 정보통신 업무입니다. 나이는 20~30세, 나이가 많으면 곤란해요, 근무하는 경찰들이 젊으니까요. 어느 정도 간단한 컴퓨터 사용만 할 수 있으면 돼요."

나는 예전부터 여러 명을 정보통신 관리자나 전산장비 유지 보수로 취업을 성공하게 도운 경험이 있었다. 그래서 정보통신 관리자가 간단한 컴퓨터 사용만 해서는 안 된다는 것을 알기에 다시 물었다.

"청사 내의 정보통신 업무라면 구체적으로 어떤 직무를 하는 건지 알려주실 수 있겠습니까?"

"그냥 정보통신 업무예요. 복잡한 거 아니에요. 그냥 정보통신이나 네트워크 좀 아는 사람이면 됩니다. 궁금하시다면 내일 잡코리아나 사람인에 구인공고 올릴 테니까 확인해보시면 되겠네요."

"네, 알겠습니다. 알선할 만한 인재를 찾아보고 다시 연락드릴게요."

"아 그러면 언제까지 연락 주실 수 있으신가요?"

"늦어도 내일까지 연락드리겠습니다."

"우리 회사는 기업정보에서 검색하셔서 확인해 보시면 됩니다."

채용 담당자는 묻지도 않은 질문에 답변했다. 다소 구인이 급한 것 같다는 느낌이 들었지만, 구체적인 직무에 대한 설명이 없이 사람을 구한다는 것은 문제가 있다는 판단이 들었다. 다음날 나는 인력 채용을 의뢰한 해당 기업의 구인 공고를 잡코리아에서 검색해 보았다.

담당업무 : 112 시스템(서버, 네트워크 장비 등), 유지관리 장애처리/고졸 이상, 정보통신 및 전자전공자, PC 운용 및 네트워크 이해 가능자, 설립일 : 1991년, 사원 수 : 244명

사업내용 : 키플링, 이스트팩, 무선통신솔루션, 금융 IT 서비스, 디지털 방송 솔루션

나는 전화를 끊고 나서 잠시 생각에 잠겼다. 대부분 채용 공고에 직무에 대해 상세하게 기술되어 있지 않은 경우가 많다. 구인하는 담당자조차 자신이 맡은 업무가 아닌 다른 분야의 구인을 한다면, 위 같이 정보통신을 할 줄 아는 사람을 구한다고 하는 것이다.

채용 담당자조차 구인하는 분야의 직무를 모르는데, 구직자라면 어떨까? 특히 경력이 없는 신입이라면 공고를 보고 나서도 입사 지원이 망설여진다. 만일 채용 담당자가 공고에 명시한 직종의 업무를 하면서 채용을 병행하는

경우라면 모르겠지만, 대부분 중소기업은 그렇다. 기업 규모가 크거나 업무가 세분되어, 채용을 담당하는 부서가 따로 있는 경우에 간혹 위와 같은 일들이 발생한다.

혹시 여러분도 직무에 대해 잘 모르고 지원하고 있지 않은가? 위의 사례는 '직무에 관한 이해'가 매우 중요하다는 점이다. 기업마다 맡은 고유의 직무가 있다. 예를 들어 인사관리, 총무관리라는 이름으로 공고에 올라올 뿐이다. 실제로 이루어지는 업무는 각 기업의 특성상 차이가 날 수 있다. 그렇다면 직무에 대한 이해를 높이기 위해선 어떤 방법이 있을까?

지원 분야의 채용 공고를 유심히 살펴보자

인턴 경험은 단기간의 경험이라도 회사의 전반적인 흐름이나 업무 방식 등을 파악하기 수월하다. 문제는 인턴 경험도 없고, 직무에 대한 이해가 부족한 사람이다. 입사 지원서에서 직무와 관련된 경험이나 노력을 작성할 때 어려움을 느낄 가능성이 높다.

특히 지원 분야를 정하고 자신이 입사를 원하는 분야의 채용 공고를 유심히 살펴보자. 그리고 지원 직무와 관련된 회사의 리스트를 오피스 문서 파일로 작성하여 지원 직무의 내용을 상세히 기록해두자. 이 작업을 하다 보면, 대부분 직무와 관련된 키워드가 반복되고 있는 것을 확인할 수 있다.

그리고 입사지원서에 최대한 직무와 관련된 키워드를 반복적으로 삽입하도록 신경을 쓰자. 너무 과도하게 넣지 말고 지원서 전반에 골고루 배치하도록 한다. 일반적으로 입사지원서 분량을 채우기 위해 전혀 관련 없는 내용의 글을 늘리는 경우가 있는데, 지원 분야와 무관한 경험은 오히려 마이너스 될 가능성이 높다는 점을 유의하라.

유망한 중소기업도 눈여겨 보라

대기업 공채에 나와 있는 모집 부문은 간략하게 기재되어 있어 직무를 파악하고 지원하는 데 어려움이 있다. 하지만 중견기업이나 중소기업의 채용공고를 보면, 대기업과 비교하면 직무 내용이 상세하게 기술되어 있다. 이들 기업도 자신이 맡은 직무를 직접 구인하거나 업종 특성에 관련된 경력자나 신입을 뽑기 원한다. 국내에도 대중에게 잘 알려지지 않은 규모는 작지만 세계 시장 1~3위를 차지하는 히든 챔피언 기업이 많다. 이들 강소기업의 주요 특징은 전 세계의 시장을 지배하며 눈에 띄게 규모가 성장하고 있다. 그리고 분야의 기술력과 노하우를 바탕으로 생존능력이 탁월하다. 또, 주로 대중에게 잘 알려지지 않는 제품을 전문적으로 생산하며 다국적 기업과 경쟁한다. 지금부터라도 이런 유망 기업에 관심을 가지고 도전할 필요가 있다. 다음은 직무와 관련된 채용공고 사례를 살펴보자.

모집 부문	직무 분야	세부 분야	관련 전공
공학기술용 S/W개발 분야	개발기술	컴퓨터 그래픽 기반 S/W 개발, CAD기반 S/W 개발, DB 구조 설계 및 데이터 알고리즘 개발, 고급 GUI 기능개발, 고성능 Mesh 기술개발 및 구현	기계 건축 토목 지반 컴퓨터 수치해석 물리/수학 관련 전공
	3D CAD 개발	3D CAD GUL/인터페이스/어셈블리 조립 기능 개발 3D CAD 도면 View 기능/그래픽 위젯 개발	
	2D CAD 개발	2D CAD 명령어/성능개선/GUI 개발, 응용 개발	
	구조해석/최적 설계 프로그램 개발	비선형 FEM 프로그램 개발, 최적설계 알고리즘 프로그래밍, 고성능 수치해석 알고리즘 개발, 재료모델 연구 및 개발	

| 공학기술용
S/W개발 분야 | 유동해석
프로그램 개발 | 열유동해석 프로그램 개발 및 검증
난류/다상 유동/자유 수면/물질 이송/확산
모델 개발 | 기계
건축
토목
지반
컴퓨터
수치해석
물리/수학
관련 전공 |
| | 설계 프로그램
기획/개발 | 해외/국내 설계코드 분석 및 개발기획
설계 모듈/제품 기술지원 및 성과관리
설계코드 알고리즘 개발 | |

〈한국중견기업연합회 : 생각나 카페(생각나.com) 구인정보〉

워크넷의 직업정보 자료를 활용하라

취업 준비생들은 대체로 취업스터디를 운영해서 직무를 공부하는데 그것보다 정확한 정보가 들어 있는 자료로 공부하는 것이 현명하다. 고용노동부 워크넷에 들어가면 직업 정보를 열람할 수 있고 고용 통계에 따른 직무, 직업 전망, 임금 수준, 관련 학과, 종사자 수 등 상세한 정보는 검증되고 정확한 자료로 학습할 수 있다.

워크넷의 풍부한 컨텐츠 중에도 직업심리검사, 직업세계 이해, 직업, 진로 상담 등을 잘 활용하면 내가 원하는 알맞은 직업 정보와 직무를 찾을 수 있을 것이다.

PART 4

청춘들의
내 일을 찾아라

적성과 돈,
무엇을 선택할까?

우리는 살아가면서 재물과 돈의 유혹을 뿌리치지 못한다. 여유로운 재물은 인생의 풍요를 주기도 하지만 한편으로는 악마와도 같은 존재다. 그래도 마음껏 가지고서 세상 부귀를 누리고 싶은 욕망으로 돈과 명예를 좇아 살게 된다.

성격이 활달하고 적극적인 세원 씨는 사람들에게 인기가 많았다. 그래서인지 사람들과 함께 하는 일을 선호한 성향 때문인지 항상 활동적인 일들이 끌렸고, 대학 생활 내내 각종 공모전과 대외 활동 등의 여러 경험과 쌓은 인맥을 통해 두 회사에 입사지원을 하게 되었다.

'좋은 조건과 내가 하고 싶은 일, 둘 중에 어떤 걸 선택해야 할까요?'

한 곳은 누구나 한 번쯤 들어 봤을 만한 단체의 비활동적인 기획 회의와 사무 업무를 하는 일이었고, 다른 한 곳은 유명한 회사는 아니지만, 자신의 성향이나 적성에 맞고, 자신의 역량을 발휘할 수 있는 일이었다. 양자택일을 할 수 있는 좋은 조건이었다. 세원 씨는 고민 끝에 후자를 선택하여 입사하

였고, 현재는 일이 지치지 않고 즐거울 정도로 자신의 선택을 후회하지 않는
다고 말한다.

누구나 숨겨진 적성은 있다. 자신에게 적성이 없다고 느껴지는 사람도 더
러 있겠지만, 그것은 자신에게 관심을 두지 않기 때문이다. 적성은 노력을
통해서 충분히 발견할 수 있다.

어릴 때 한 번쯤 자신이 하고 싶은 일에 대해 꿈꾸었던 경험이 있을 것이
다. 하지만 시간이 흐르면서 점차 꿈은 잊혀지게 되고, 어느 순간 일자리를
찾는 일에 매달리는 자신을 발견하게 된다. 현재 처해진 상황이 절박해지면
적성에 대해 생각할 겨를이 없어진다. 단지 빠른 시일 내에 좋은 일자리는
아니더라도 일을 하며 안정적인 삶을 영위하고 싶은 마음만 커져 간다.

직장을 선택하는데 주변의 시선도 한몫을 한다. 누구나 꿈꾸는 선망의 직
장에 들어가면 많은 연봉을 받을 수 있고 성공한 사람으로 인식한다. 따라서
자신의 현 위치를 제대로 파악하지 못하고 희망사항을 목표로 한다. 적성을
고려하여 자신의 눈높이에 맞게 우수한 중소기업, 미래의 꿈과 비전이 있는
벤처기업을 선택하는 것이 현명한 선택이다.

좋은 직장이 평생을 보장하지 않는다

평범한 직장인에게 좋은 직장의 개념은 점점 바뀌고 있다. 1998년 IMF 사
태와 경제위기는 고용불안을 일으켰으며, 수많은 직장인이 한순간 일자리
를 잃었다. 기업은 정규직보다는 비정규직을 선호하며, 인건비 부담을 완화
하기 위해 협력업체의 외부 용역을 통한 고용을 늘리려 하고 있다.

현재와 같은 세계적 불황의 경제 침체는 고용 지속성을 보장하기 어렵다.
누구나 선호하는 우수 기업과 같은 직장도 마찬가지다. 통계청 통계로 보는
서울 시민의 취업 구조 의하면 '직장인의 10명 중 6명은 직장을 잃을 수도

있거나 바꿔야 한다는 불안감을 가지고 있다'고 조사됐다. 이는 안타깝게도 사회 구조적으로 만들어진 고용불안이 만들어낸 결과다.

유망한 직업을 고려한 일자리를 찾아라

현재 근무하는 직장이 평생의 삶을 보장해주지 않지만, 적성을 고려한 직업은 평생할 수 있는 일로 만들어준다. 나만의 특화된 장점과 적성의 일자리가 처음에는 기대치에 못 미치는 수준일 수 있지만 처음 조건이 좋지 않다고 해서 그 조건이 지속하는 것은 아니다.

많은 이들이 첫 단추를 잘 끼워야 한다고 해도 그것은 단순히 눈에 보이는 조건(앞으로 연봉을 고려한 이직 가능성)만 염두에 둔 말이다.

자신의 경력보다 월급을 좇아 선택한 일자리는 결국엔 막다른 골목으로 내몰리게 되는 결과를 낳는다. 이제는 젊은 시절에 반짝 돈을 벌 수 있는 직장보다는 정년 퇴직 후 또는 고령이 되어서도 원하면 할 수 있는 일을 찾아야 한다. 그러기 위해선 취업 후에도 끊임없이 전문성 강화를 위한 자기계발과 노력을 기울여 유망한 직업을 발굴하고 선택해 나가야 한다.

유망한 직업을 고려한 직업 = 평생직업

특화된 장점 + 적성 + 흥미

Tip 전문 경력을 고려한 평생 직업을 고르는 기준

■ **특화된 장점**

평생 직업을 가지기 위해선, 나만의 특화된 장점이 있어야 한다. 예를 들어 남의 이야기를 들어주는 것을 잘하고 조언을 잘하는 사람이라면 상담가와 같은 직업을 선택하여 자신의 장점을 살릴 수 있다. 여기서 장점을 특화하려면, 전문상담 코치와 같은 직업에도 도전하여 자신의 경력을 다양한 분야로 설계할 수 있다.

■ **적성**

 적성은 어떤 일에 알맞은 성질이나 적응 능력, 또는 그와 같은 소질이나 성격을 말한다. 반복적인 일에 능한 사람이 기획이나 전략과 같은 창조적인 업무를 맡게 되었을 때, 적성이 맞지 않을 수 있다는 것이다. 반대로 기획이나 전략에 능한 사람이 반복적인 일을 맡으면 금방 실증날 가능성이 높다. 적성은 일을 잘할 수 있는 재능과 같은 것이다. 이처럼 적성은 일정한 훈련으로 숙달될 수 있는 개인의 능력, 즉 어떤 특정 활동이나 작업을 수행하는 데 필요한 능력의 보유 여부와 능력의 발현 가능성을 중점에 둔다.

■ **흥미**

흥미란 어떤 대상 · 활동 · 경험 등에 대해 계속하여 그것에 몰두하거나 아니면 그것을 그만두려고 하는 행동 경향을 말한다. 이는 그 강도가 사람마다 제각기 다르다. 어떤 사람은 과학에 흥미를 느끼고 있지만, 어떤 사람은 과학에 흥미가 없다. 무슨 일을 하고자 할 때, 그에 대한 개인의 흥미가 있을 때에 자발적 동기에 의해 이루어질 수 있으나 흥미가 없을 때에는 학습이나 작업의 효과를 증진시킬 수 없다. 이처럼 흥미가 있는 분야일수록 몰입해서 할 가능성이 높다. 또한, 흥미를 느끼고, 즐겁게 하는 일이라면 능률도 오르고 성과가 높아진다.

02

좋아하는
일이 우선이다

학교를 다닐 때는 적은 아르바이트 임금과 매월 용돈으로 생활을 하다가 직장에 들어가서 집에 눈치 안보고 쓸 돈을 벌게 된 사회 초년생에게 새로운 일이 생겼다.

"요즘 회사 일이요? 별로 적성에 맞지 않아서 이직을 생각 중이에요."

이제 첫걸음을 내딛은 사회 초년생을 만나면 간혹 이런 이야기를 접하곤 한다. 이 중에는 외국계 기업이나 중견 기업에 취업한 후배들도 여러 명 있다. 직장을 구하지 못한 다른 사람의 입장에서 보면 이해가 되지 않는다고 할 수 있겠지만, 막상 당사자들은 그렇지 않다는 점이다. 취업하기도 어려운 요즘, 왜 이런 행복한 고민을 하는 것일까?

조건만 보고 취업한 회사, 일의 의미를 찾아라

친구 중에 충남의 삼성전자에 다니고 있는 미숙이는 올해 3년 차가 되었다. 내가 천안에 내려가거나 미숙이가 인천에 올라오면 즐겁게 식사할 정도로 친분이 있다. 가끔 친구를 만날 때마다 얼굴이 밝지 않았다. 대기업의 근무가 고된 건 누구나 알지만, 항상 지쳐 있는 모습이 역력했다. 그나마 사무실 근무라 생산직의 2교대나 3교대에 비하면 조건이 나은 편이었다.

근무하면서 어떨 때는 자신이 회사의 부속품이 되어버린 느낌이 드는 것 같다고 했다. 미숙이는 쓴웃음을 지으며 "매월 월급은 많이 줘, 힘들지만 그래도 버텨야지 어쩌겠냐" 라는 말을 하였다. 미숙이가 취업했을 당시에 다들 삼성전자에 입사한다며 부러운 눈초리를 보냈지만, 미숙이는 일의 의미를 찾지 못한 채 어쩔 수 없이 책임감으로 하는 노동이 된 것이다.

중고등학생 시절에 명문 대학 입학이라는 목표가 있다면, 대학을 나와서는 또 훌륭한 회사 입사라는 목표가 주어진다. 주체가 대학에서 회사로 바뀌었을 뿐, 모두가 일류병에 걸려서 최고만을 추구하고, 향하는 목표는 크게 달라지지 않는다. 원하는 회사에 입사했다 하더라도 만일 일이 즐겁지 않거나 적성에 맞지 않는다면 어떻게 해야 할까? 다음의 사례를 보자.

평소 로봇개발에 관심이 많았던 김 세진 씨는 전역 후 로봇 동아리에서 활동하기 시작했다. 동아리 구성원들은 로봇에 열정이 많은 사람이 모인 곳이어서 나름대로 열정을 다할 수 있었다. 로봇 경진대회를 준비하는 동안 방학 기간에는 학교에서 살다시피 했지만 결코 지치지 않았다. 하면 할수록 오히려 즐거웠고 몰입할 수 있었기 때문이다.

원래 전자 전공에 흥미는 없었으나 로봇 동아리 활동을 하면서, 로봇 개발에 필요한 전자 이론을 공부하기 시작했다. 그러다 보니 지루했던 학과 공부가 동기 부여가 되어 공부를 더 잘할 수 있는 계기가 되었다. 처음에는 학과 공부와 로봇 동아리 활동을 병행하기가 어려웠지만 몇 개월의 고생 끝에 로봇 경진대회에서 1등의 영예를 안았다. 현재는 한단계 더 높은 꿈을 위해 로봇 기술 분야의 선두 기업에 입사를 위해 끊임없이 노력하고 있다.

확신하지 못했던 경험에서 좋아하는 일을 찾아라

"내가 아무런 확신이 없다 보니, 무엇부터 시작해야 할지 모르겠네요." 여러 청춘들이 이처럼 핑계를 대며 시도조차 하지 않고, 고민만 하며 시간을 보내고 있다. 더 늦기 전에 경험해 보지 못한 것들을 도전해보자. 시간은 자꾸만 흘러 나중엔 정말 하고 싶어도 하지 못하는 날이 온다. 실제로 많은 이들이 경험을 통해, 자신의 좋아하는 일을 찾아 직업으로 확장한 예도 있었다. 어느 것이든 도전을 두려워하지 말자. 처음엔 확신하지 못했던 경험이었을지 몰라도 나중엔 가치 있는 경험이 될 것이다.

Tip 자신의 직업 흥미가 궁금하다면?

워크넷 직업 선호도 검사(www.work.go.kr/jobMain.do)

고용노동부의 직업 선호도 검사는 S형(25분), L형(60분)으로 이루어져 있다. 개인의 홀랜드 직업 선택 이론이 반영한 6가지 흥미 유형(현실형, 탐구형, 예술형, 사회형, 진취형, 관습형) 중 가장 흥미 영역이 높은 두 개의 코드로 나타내어, 흥미 유형 중 자신에게 적합한 직업을 추천해준다. 무료로 이용 가능하며, 검사 종료 후에는 전문 상담가에게 무료 상담을 받을 수 있다.

Strong 검사(www.career4u.net)

Strong 검사(미국의 직업심리학자 에드워드 스트롱에 의해 개발되었다) 중에 직업 흥미검사(성인용)는 전문가에게 검사 해석을 받을 수 있고, 검사지 자체가 유료이므로 학생이나 단체가 아닌 개인은 약간의 비용이 든다. 특징으로는 GOT(일반 직업 분류 : 개인 흥미에 대한 포괄적인 정보 제시), BIS(기본 흥미 척도 : 6가지 흥미 유형을 25개 세부 항목으로 나누어, 흥미 유형 점수에 대한 구체적인 정보를 얻음), PSS(개인 특성 척도 : 일상생활 및 일의 세계와 관련된 광범위한 특성으로 개인의 선호 측정)로 이루어져 있다. Strong 직업 흥미 검사는 개인의 흥미 영역을 보다 구체화하고 세분화하는 데 초점을 두고 있다.

03

적성에 맞는
내 일을 찾자

졸업 후 쉬는 것도 얼마 되지 않아서 "요즘 뭐하니?" "언제 취업할 거니?"라고 물으면 언제나 부담스러운 질문이 아닐 수 없다. 장기적인 관점에서 근무환경, 안정성, 전문성, 급여 등을 중심으로 유망 직업에 관심을 가져 보자. 노인들의 건강을 관리하는 실버시터Silver Sitter , 다이어트 프로그래머, 정보시스템감리사, 헬스케어전문가, 여행상품기획가 등이 10년후 유망직업이 될 것으로 채용 및 경력관리 전문 업체 스카우트는 전망했다. 따라서 이런 분야에 관심이 있다면 남보다 먼저 미래에 대한 준비를 끊임없이 해야한다.

첫 직장보다 어떤 직업을 선택할 것인가가 더욱 중요한 사안으로 생각하자. 학생 시절에 진로 준비를 바로 시작해도 이른 것은 아니지만, 가끔은 이상하게도 몸과 마음은 따로 논다. 나에게 가장 중요한 것을 미루다가 결국엔 눈앞에 닥치게 되면 하게 되는 습관이 몸에 베어 있다. 아직은 멀리 있다고 생각되는 취업보다 수업 리포트나 어학 공부 등 당장 해야 하는 일만 생각해도 벅차게 느껴진다. 반복되는 일상에 쫓기다 보면, 자신의 미래에 대해 누군가가와 진지하게 고민할 시간은 먼나라 이야기가 되고 만다.

내 일my job이 중요한 이유

캠퍼스에서 청춘들은 전공 외에 취업 준비가 우선순위로 잡혀있을 것이다. "기본 스펙은 되어야 지원할 수 있으니까요." "연봉을 많이 주는 회사로 지원하려면 필수적으로 중요한 것들이죠." "직무는 일단 나중에…"

대부분 미래의 꿈에 대한 생각보다는 현실의 학교 공부도 벅찬데, 어학 공부, 기타 자격증 취득에 매달리다보면 자신을 찾을 수 있는 시간은 조금도 낼 수 없다. 3학년이 되면 시간은 더 쏜살같이 흐른다. 특히 졸업을 앞두고는 마지막의 스펙을 위한 오늘과 내일을 전심전력으로 보내게 된다.

그러나 스펙은 스펙일 뿐, 개인의 잠재적인 역량까지 증명해주지 못한다. 오늘이 지나면 내일이 찾아오고 우리의 내일은 스펙, 진로 걱정으로 가득하다. '내 일my job'이 중요한 이유는 무엇일까?

자신의 일에 의미를 부여하자

"확실히 뭘 해야 할지 모르겠어요. 하지만 일단 하다 보면 어떻게든 되지 않겠어요?" 청춘들은 변함이 없다. 학점, 자격증, 어학 점수 올리기에는 최선을 다하지만 정작 무엇을 해야 할지 모른다.

잡코리아의 최근 설문조사에 따르면 취업 선배들이 구직자에게 하는 조언으로 '자신이 일하고 싶은 업종 및 직무가 무엇인지 파악하라(59.6퍼센트), 까다로운 자격 요건에 겁먹지 말고 자신 있게 지원하라(9.5퍼센트), 잦은 탈락에 좌절하지 말고 될 때까지 도전하라(9.0퍼센트), 대기업뿐 아니라 중소기업에도 관심을 가져라(8.8퍼센트), 연봉이나 인지도 등 눈높이를 낮춰라

(3.3퍼센트) 등으로 조언했다. 취업했지만 근무하면서 자신과 적성에 맞지 않는다면 어떻게 할 것인가. 최근의 통계에 의하면 대기업 신입사원 퇴사율이 30퍼센트 이상 육박한다. 그 어려운 입사 관문을 뚫고 입사했지만 적성의 불일치라는 이유로 퇴사하는 것은 안타까운 일이다.

한양대에서 기계공학을 전공한 인효 학생은 대학 시절에 진로에 대해 크게 고민하지 않았다. 공대라 분야가 확실한 편이고, 취업이 다른 계열보다 어렵지 않다는 생각에 일단 취업하는 것을 목표로 스펙 쌓기에만 열중했다. 그리고 졸업 전에 다행스럽게 SK그룹의 계열사에 입사했다. 그러나 기쁨은 잠시의 순간이었다. 인효의 마음은 기획 부서에 배치되고 나서 달라졌다. 처음에는 어떤 일이나 잘해낼 수 있다는 자신감이 넘쳤지만 같은 부서의 선배나 상사가 요구하는 의도대로 해내기 어려워 매일 야근을 반복했다. 기획이라는 업무가 적성에 맞지 않음을 그때야 알게 되었다. 매일 상사에게 보고서를 제출하면 꾸지람을 들으니 항상 괴로웠다. 앞으로 일을 계속 할 수 있을지 날마다 의문이 생겼다. 결국, 1년 만에 회사를 그만두기로 결심하고, 다른 기업의 공채를 준비하고 있다.

인효의 사례가 주는 교훈은 아무리 좋은 회사도 나의 적성이 맞지 않는다면 퇴사의 갈림길에 놓일 수밖에 없다는 것을 말해준다. 자신에게 질문을 던져보자. 나는 진정으로 무엇을 하고 싶은가? 현재 흥미가 있는 분야가 있다면, 직업으로 확장시킬 수 있는 것들을 생각해보자. 직업은 인생에 평생 떼어 놓을 수 없는 불가분의 관계에 있다.

강점을
찾을 수 있는 일

"나의 강점을 모르는 상태에서, 직업을 선택한다는 것은 쉽지 않아요."

여러 구직자가 하는 말이다. 구직의 어려움 중에 하나는 어떤 구체적인 목표나 계획이 없이 직장을 선택해야 하는 기로에 놓일 때다. 특히 직업 정보가 제한적일수록 직업 선택의 폭은 좁아질 수밖에 없으며, 자신이 별로 원치 않는 직무에도 지원하는 일이 생긴다. 예를 들어 내성적인 성향이 있는 A와 B라는 사람이 있다고 하자. A는 사람들과 어울리는 것보다는 혼자서 꼼꼼하게 할 수 있는 일을 좋아한다. 외향적인 성향을 극대화하는 직무보다는 자신의 사무나 회계 분야의 직무가 적성에 맞을 수 있다. 반대로 B라는 사람은 내성적인 성향을 가졌지만 사무와 같은 직무보다는 외부에서 활동적으로 일을 추진하며 거래처 사람들을 만나고 실적을 올리는 업무를 원한다. 따라서 B같은 성향은 내근보다는 외향적 성향을 살릴 수 있는 외근 업무를 잘할 가능성이 높다.

A와 B를 비교했을 때 어떤 생각이 드는가? 직장에 들어가서 자신의 직무

영역에서 역량을 발휘하기 위해서는 바로 자신의 강점을 살릴 수 있는 적합 직무를 찾아야 한다.

자신의 강점을 찾아 최대한 활용하자

세계에서 투자의 귀재로 불리는 미국의 워런 버핏은 커다란 부와 명성을 거머쥘 수 있었던 것은 자신이 가진 특별한 강점을 발휘할 수 있는 분야를 정확하게 파악한 덕분이라고 굳게 믿고 있다. 그는 자신의 타고난 재능을 알아내고 학습과 경험을 통해 더욱 단련시킴으로써 지금의 탁월한 강점들로 형상화했다.

물론 워런 버핏이 강점을 바탕으로 일함으로써 성공을 거둔 유일한 인물은 아니다. 어떤 직업이든 스스로 선택한 직업에서 성공을 거둔 사람들에게서 발견할 수 있는 공통점은 바로 자신의 강점을 찾아내 자기 일과 삶에 최대한 활용하고 개발하는 능력을 지녔다는 점이다.

어떤 일을 할 때, 즐거움을 느끼는 것을 선택하라

강점을 살리기 위한 일을 찾기 위해선 어떻게 해야 할까? 예를 들어 회계사라는 직업을 갖고 싶은데, 회계라는 공부가 즐겁지 않고 단지 회계사라는 직업을 위해 공부하는 것이라면 도중에 지속하기 어려울 수도 있다. 결코, 남들이 좋다고 해서 선택한 직업을 잘하려고 억지로 애쓸 필요는 없다. 강점을 살리기 위해선 우선적으로 자신이 어떤 일을 할 때 즐거워하는 것을 선택해야 한다. 일 할 때만큼은 나를 즐겁게 하는 특성을 발휘하는 것이 가장 좋다. 이렇게 하는 것이 어디서나 오랫동안, 즐겁게, 자신의 강점을 최대한으로 발휘할 수 있기 때문이다.

강점은 동일한 재현성에서 찾을 수 있다

강점을 살릴 수 있는 일이란 몇 번이고 같은 힘을 발휘할 수 있는 것이며, 그것이 좋은 결과를 도출해 내는 것을 말한다. 반대로 이유를 알 수 없이 우연히 성취된 것이나 같은 일을 했을 때 좋지 않은 결과가 나오는 것은 강점이라고 보기 어렵다. 모두에게 있는 강점과 약점 중에서 강점에만 집중할 때 더 큰 성공을 이룰 수 있다.

예를 들어 어려운 주위 사람에게 봉사를 잘하는 사람이라면, 생활이나 신체의 불편한 사람을 만날 때마다 도움을 주고자 하는 마음이 생길 것이다. 그리고 이와 관련된 활동을 찾고 헌신하는 것을 즐거워한다. 즐거움을 느끼는 동시에 성취까지 해낼 수 있다면 강점을 살릴 수 있는 일이다. 이렇게 어떤 일에서 나타나는 반복된 패턴, 동일한 재현성은 자신의 강점을 찾을 수 있는 중요한 열쇠가 된다.

구본형변화경영연구소에서 쓴 ≪나는 무엇을 잘 할 수 있는가≫라는 책이 있다. 이 책은 변화경영전문가 구본형과 현실에서 어려움을 겪고 있던 평범한 일곱 명의 연구원들이 발굴해 낸 6가지 강점 발견법이 구체적으로 제시되어 있다. 각자의 강점은 처음부터 발견하기는 쉽지 않겠지만 이 책을 참고하길 바란다. 아래의 강점 발견 시트 작성을 통해 쉽게 찾을 수도 있다.

평소 자신이 느꼈던 강점이라고 생각했던 것을 '나의 강점' 칸에 적어보자. 강점이라고 생각하는 모든 내용을 적어도 좋다. 나의 강점을 작성하고서 옆 칸에는 '강점이라고 느끼는 이유'가 있다. 왜 그것을 강점으로 느끼고 있는지 이유를 작성하는 것이다. 강점 리스트를 작성 할 때는 되도록 문장으로 완성하려고 하지 말고 생각나는 대로 적도록 한다.

[1단계] 생각하는 강점리스트 작성하기

나의 강점	강점이라고 느끼는 이유
사람들과 쉽게 친해진다.	처음 보는 사람도 거부감 없이 대화를 나눌 수 있다. 주로 대화를 주도하면서 자연스럽게 분위기를 이끈다.
발표에 자신 있다.	대중 앞에 나서는 것이 두렵지 않다. 발표할 때만큼은 자신감이 생기고 즐겁다.
추진력이 있다.	프로젝트나 과제가 주어졌을 때, 이른 시일 안에 효율적으로 처리 할 수 있다.

1단계를 작성했으면 2단계 강점과 관련된 에피소드를 적는다. 에피소드 작성을 할 때는 구체적으로 작성하는 것이 좋다. 강점이라고 느끼는 이유에서 좀 더 확장하여 자신의 모든 경험을 써넣는 것이다. 그중에는 강점이라고 보이기에 미약한 부분도 발견할 수 있다. 그렇지만 그 작은 부분도 앞으로 강점으로 나아갈 수 있는 씨앗이 될 수 있으므로 과감하게 작성하도록 하자.

[2단계] 강점과 관련된 에피소드 작성하기

강점 1 : 사람들과 쉽게 친해진다(조직 내 친화력, 적응력과 관련됨)

대학교 3학년 때 'OO프렌즈'라는 대학생 서포터즈를 한 적이 있었다. 발대식 이후에 조별로 맡겨진 프로젝트를 수행하기 위해 신촌에서 따로 조별 모임을 하게 되었다. 우리 조는 유난히도 조용한 성격의 사람들이 많아 분위기가 정말 어색했었다.

나는 어색한 분위기를 즐겁게 만들기 위해 대화를 주도하면서 재미있는 이야기를 늘어놓았다. 꼭 프로젝트에 국한된 주제보다도 학교나 연애 이야기도 떠들었다. 분위기는 급반전 되면서 어색한 모임에 화색이 돌기 시작했다. 처음에는 서로 눈치만 보느라 아무 이야기도 하지 못했는데, 모두가 내가 있어서 너무 즐겁다고 했다.

대학생이 되면서 중고등학생을 대상으로 강연과 관련된 봉사활동을 할 기회가 생겼다. 비록 그 당시 젊은 나이였지만 아직 진로에 결정을 내리지 못해 고민을 하는 아이들에게 나의 대학생활과 경험들을 마음껏 나눌 수 있었다.

원래 대학을 입학하기 전까지만 해도 발표에 자신이 없었다. 하지만 봉사활동으로 시작된 강연 봉사는 발표 능력을 키우는 데 상당한 도움이 되었다. 또한, 내가 발표에 재능이 있다는 사실도 발견할 수 있었다. 그 때 이후로 나는 기회가 생기면 발표를 자처했다. 지금도 발표하는 일이 즐겁고 재미있다.

경영학 교수는 '마케팅 원론' 시간에 조별 프로젝트 과제를 줬다. 프로젝트 내용은 가상의 회사를 세워 회사를 홍보하는 프로젝트였다. 나는 프로젝트의 팀장을 맡게 되었다. 주어진 프로젝트 기간은 2주의 짧은 시간이라 준비에 어려움이 컸다. 하지만 오히려 기회라 생각을 하고 짧은 시간 내에 효율적으로 프로젝트를 준비하는 방법을 모색했다. 그 중 가장 먼저 각자의 맡은 역할을 분배했다. 역할을 분배할 때도 팀원의 특성을 살려 잘할 수 있는 분야로 맡겼다.

– 자료 수집은 평소 마케팅에 관심이 많고, 대학생 마케터로 활동 중인 A.
– A의 자료 수집 보조를 맡을 B.
– 문서 작성은 꼼꼼하고 오피스 문서 능력이 뛰어난 C.
– 발표는 프로젝트의 핵심이므로 평소 말하기를 좋아하고 자신감이 넘치는 D.
– 나는 팀장으로 전체적인 총괄을 맡았다.

각자의 능력을 살릴 수 있는 분야로 맡긴 결과 다른 팀에 비해 프로젝트 진행은 수월했다. 프로젝트 기간 전에 이미 완료하여 최종 검토를 2회 이상 할 수 있었다. 그 결과 프로젝트는 성공적으로 마무리할 수 있었다.

2단계 작성 예시는 대학 생활 중 충분히 경험할 수 있는 사례 위주로 작성하였다. 지금도 강점을 발견하는 것이 어려운가? 강점과 관련된 에피소드는 자기소개서의 질문 사항에도 충분히 활용할 수 있다. 자신의 강점을 생각과 경험의 확장으로 위처럼 작성한다면 숨겨진 강점을 보다 쉽게 발견할 수 있을 것이다.

이제는 자신의 강점을 직무로 연계하여 탐색하는 방법을 살펴보자. 자신의 강점과 직무가 일치되어 갈 것이다.

[3단계] 강점을 토대로 직업 찾기

나의 강점	잘 할 수 있는 분야 · 직업
사람들과 쉽게 친해진다.	홍보, 영업 지원, 영업 관리, 마케팅, 판매, 금융, 보험(보험 영업), 고객 응대
발표에 자신 있다.	강연 기획, 문화 예술관련 공연 기획
추진력이 있다.	경영기획, 전략, 경영지원

[4단계] 강점과 흥미를 고려해 원하는 직무를 선택하자.

3단계에서 여러 직업, 분야가 있거나 적을 수 있는 분야가 거의 없는 사람도 있을 것이다. 분야가 적다고 해서 실망할 필요는 없다. 지금 당장은 별로 없어도 자신이 선택한 직무가 확장할 수 있는 범위는 무궁무진하다.

3단계에서 작성한 시트에 잘할 수 있는 분야 중에 직업으로 가장 하고 싶은 일을 동그라미(○), 그저 그런 일/고민 중(△), 하고 싶지 않은 일(×)로 표시해보자.

이제는 동그라미(○)로 표시한 분야의 직무를 구체적으로 탐색할 시간이 왔다. 4단계에서 흥미를 고려하여 표시하라고 한 이유는 잘할 수는 있어도 아직은 자신이 느끼기에 확신이 없거나 정말 좋아하는 일이 아닐 수도 있기 때문이다. 강점 찾기의 핵심은 자신이 가장 잘하면서 좋아하는 일을 찾는 것이다.

[5단계] 구체적인 직무와 직업을 탐색하자.

　마지막으로 해야 할 것은 동그라미로 표시한 분야의 구체적인 직무와 직업을 탐색하는 일이다. 직무를 탐색하거나 정리하는 것은 워크넷이나 한국직업사전, 한국직업전망서 등을 참고로 활용하면 도움을 얻을 수 있다.

　기업체에서 요구하는 역량이 자신의 강점과 맞아 떨어진다면 일의 내용이나 책임성, 숙련도, 능력, 작업 조건 등에 만족하며 업무를 수행할 수 있다. 강점에 대한 일반적인 인식은 '경쟁 상황에서의 비교우위'이다. 기업이 단 하나의 기준만으로 채용하는 경우는 드물다. 다른 사람들과 경쟁우위를 생각하기에 앞서 자신이 보유한 다양한 능력 가운데 가장 뛰어나다고 생각하는 것이 진정한 자신의 강점이며 이를 발휘하도록 해야 한다. 위 내용을 참고로 하여 강점 발견과 직업 탐색을 작성해보자.

강점 발견과 직업 탐색

나의 강점	강점이라고 느끼는 이유	에피소드	잘할 수 있는 분야 · 직업

05

가슴 뛰며
할 수 있는 일

작은 회사, 앞날이 불투명한 일, 겨우 한 달을 버틸 수 있는 월급, 책상에 쌓인 수북한 일들, 그럼에도 불구하고 열정을 불사르며 할 수 있는 일과 회사가 있을까?

나에게 가슴 뛰는 일이 있고, 꿈을 실현할 수 있는 회사라면 현재 회사의 크고 작고, 많고 적은 월급, 보너스 같은 복지 혜택이 중요한 것이 아니다. 왜냐면 펼쳐야 할 꿈을 위해 어떤 시련과 역경이라도 이기고 달려가야 하기 때문이다. 많은 사람과 상담을 하면서 느꼈던 점은 단순히 일을 경제적인 수단으로 어쩔 수 없이 하는 경우가 많다. 물론 하고 싶은 일을 하면서 사는 것은 쉽지 않다. 환경적인 요소를 배제한 채 일을 선택할 수 없기 때문이다. 누구에게나 '가슴 뛰며 할 수 있는 일'을 찾기 위해서는 불확실성과 두려움이 따른다. 많은 이들이 가슴 뛰며 할 수 있는 일을 찾기를 원하지만, 앞서는 두려움에 시도조차 하지 못하고 쉽게 포기하게 된다. 진정 '가슴 뛰며 할 수 있는 일'이란 무엇일까?

무슨 일을 시작하고자 할 때, '이것은 이래서 안 될 거야'라는 생각을 하고 있지 않은가? 부정적인 사고는 생각의 전환을 가로막는 지름길이다.

> 작은 생각만큼 성취를 제한하는 것도 없다.
> 자유로운 생각만큼 가능성을 확장하는 것도 없다.
> – 윌리엄 아서 워드

그동안 우리는 대학에 입학하기까지 학교 공부는 정해진 틀의 지식과 교과서 내용에 맞는 정답을 많이 맞추는 사람이 우수한 성적을 거두고, 성적이란 잣대로 사람을 평가하였다. 정답 훈련식 사고가 중심이 되어 살아온 것이다. 그러나 사회는 우리가 기존에 교과서로 배운 정답 훈련식 사고로는 살아가기 어렵다. 정해져 있는 상황과 결과에 대처하는 능력보다는 예측 불가능한 상황에 유연하게 대처할 수 있는 능력을 필요로 하는 시대에 살고 있다.

가슴 뛰는 일도 마찬가지다. 기존처럼 사고의 틀을 깨지 않는 이상, 주변 환경이나 여건에서 가슴 뛰는 일을 찾기 어렵다. 지금 관점의 변화가 필요하며 변화를 줄 것인가, 현재에 머무를 것인가는 결국 나에게 달려 있다. 창조적 사고를 요구하는 기업이나 뜬눈으로 밤을 새울 정도로 열정을 가지고 몰두할 일을 찾고자 한다면, 정답과 같은 일보다는 예측 불가능한 상황에 도전과 경험을 하도록 하자.

직장보다 무슨 일을 하고 있는지가 중요하다

현대 의학과 과학기술의 발달로 평균 수명은 계속 늘어나고 있지만, 고용 시장의 불안으로 퇴직 나이는 늘어나지 못하고 있다. 지금도 많은 이들이 직장을 다니면서 이직과 퇴직에 대한 불안감으로 살아가고 있다. 직장인들은 평생 고용이 보장되는 선망하는 직장은 주로 학교, 공무원이나 정부의 공기업, 산하 기관 정도에 지나지 않는다고 생각한다.

결국 미래를 위한 준비가 되어 있지 않다면, 이직이나 퇴직 후에 원하는 일자리를 찾는 것은 어렵다. 가슴 뛰는 일은 고용에 얽매이기보다는 자신이 즐기면서 열정적으로 할 수 있는 일이다. 물론 고용인으로서도 가슴 뛰는 일을 할 수 있다. 이렇게 일을 즐기면서 열심히 하다 보면 수입은 자연스럽게 따라온다.

직장에서 성과를 내는 것은 쉬운 일은 아니다. 직장인들은 항상 성과라는 결과에 스트레스를 받으며 마지못해 일하기도 한다. 그러나 가슴 뛰는 일은 성과 또한 달라지게 만든다. 일에 대한 열정은 탁월한 성과가 나오는데 많은 영향을 주는 요소이다.

> "곧 죽게 된다는 생각은 인생에서 중요한 선택을 할 때마다 큰 도움이 된다. 사람들의 기대, 자존심, 실패에 대한 두려움 등 거의 모든 것들은 죽음 앞에서 무의미해지고 정말 중요한 것만 남기 때문이다. 죽을 것이라는 사실을 기억한다면 무언가 잃을 게 있다는 생각의 함정을 피할 수 있다. 당신은 잃을 게 없으니 가슴이 시키는 대로 따르지 않을 이유도 없다." –스티브 잡스의 스탠퍼드대학교 졸업식 연설 중에서.

지금이라도 어딘가에 숨겨져 있을 가슴 뛰는 일을 찾아보자. 이것은 취업 준비생뿐만 아니라 이직을 고려하는 직장인에게도 해당한다. 그래도 시도조차 하지 않고 시간만 보내는 것보다 백배 낫다. 여러 경험들은 앞으로 '가슴 뛰는 일'을 찾기 위한 보석이 될 것이다.

06

취업이 아닌
천직을 찾아라

애플의 공동 창업자인 스티브 잡스는 양부모의 차고에서 태어났다. 잡스는 스탠퍼드대 졸업식 연단에서 자신의 직업에 대해 "운 좋게도 인생에서 정말 하고 싶은 일을 일찍 발견했다"고 고백했다. 잡스에게 있어 컴퓨터는 그야말로 천직이었다. 어릴 때 가지고 놀던 히스키트라는 아마추어 전자공학 키트는 전자제품에 대한 기초 원리를 깨닫게 했고, 그 관심은 그의 56년의 인생동안 계속 이어졌다.

우리는 평생 일을 해야 한다. 일하기 위해 취업하고, 남보다 더 나은 직장에 일하기 위해 많은 노력과 공부를 하지만 일의 목적이 단지 돈벌이의 수단으로 여긴다면 그 일에 대한 만족도는 떨어질 수밖에 없다.

지금은 직업의 가치관과 목적이 많이 달라졌다. 단순히 경제적인 수단을 위해서만 아니라 자아실현의 도구로써 자신의 삶을 윤택하게 살고자 한다. 그렇다면, 일의 즐거움과 만족도를 높이려면 어떻게 해야 할까?

천직의 뜻은 타고난 직업이나 직분이다. 그리고 각자가 할 수 있는 것을 하면서 그 일을 행복하게 납득할 수 있을 때가 만족하는 천직이다. 천직의 일을 찾는 사람은 행운아임이 틀림없다. 자신만의 천직을 찾기 위해 모든 역량을 쏟아붓고 싶어도 그리 찾기란 쉽지 않다. 하지만 조금만 자신에 대해 시간을 들인다면, 찾는 것은 어렵지 않다. 천직을 찾는 몇 가지 방법을 알아보자.

첫째, 지금까지 살아오면서 가장 열중했던 일을 생각해보자.

어떠한 일에 시간 가는 줄도 모르고 행했다는 것은 그만큼 그 일에 몰입했다는 것이다. 혼자서 몰입한다는 것은 그 일에 관심과 흥미를 느꼈다는 것으로 볼 수 있다. 몰입의 힘은 자신의 능력치를 최대한 높여 놀라운 성과를 낸다는 데 있다. 몰입 상태가 되려면 먼저 내가 무엇을 원하는지 명확하게 알아야 하고 그 다음에는 지금 하고 있는 것에 대한 확실한 피드백을 얻어야 한다. 자신이 어느 한 순간이나 단기간이 아니라 지속적으로 몰입하고 온 힘을 다하는 일을 가졌을 때 직업으로의 성과와 만족도가 높을 가능성이 높다.

둘째, 하면서도 힘든 줄 몰랐던 일을 놓치지 말자.

누구나 한 번쯤은 자신 앞에 놓여진 일이나 과제가 있을 때, 진행하면서 힘든지 모르고 진행했던 일에 대해 떠올려보자. 여기서 말하는 과제는 주어진 일에 대한 업무이거나 학교나 대외활동, 봉사활동과 같은 각종 경험일 수도 있다. 남들은 익숙하지 않아도, 자신에게는 익숙하고 당연한 일이라고 느꼈을 때 보람을 느낄 수 있으며, 수행 결과에 대한 성취도는 자연스럽게 따라오게 된다.

셋째, 틀에 박힌 반복적인 생활에서 새로운 경험을 해보자.

학교에 다니거나 현재 직장 생활을 하는 사람들의 대부분의 생활 방식이 반복적이다. 어느 순간부터 반복적인 생활에 맞추어서 의미 없이 사는 자신을 발견한다. 남들처럼 출근한 월요일 아침이면 책상에 앉아서 다시 돌아올 주말만 기다리게 되고, 힘든 한 주간을 어떻게 보낼까 하는 생각으로 몸과 마음이 자연스레 무거워진다. 가끔은 이런 반복적인 생활에서 벗어나 새로운 경험을 찾는 것이다.

새로운 경험은 단순하고 쉽게 시작할 수 있다. 손에 쥐고 있는 휴대폰을 가지고 평소에 관심 있었던 분야의 인터넷 커뮤니티, SNS 활동을 통해서도 경험을 할 수도 있다. 지금은 예전보다 관심 분야의 사람과 얼마든지 소통할 수 있는 여건이 높아졌다. 조금씩 일상에 변화를 주다 보면, 자신이 아직 발견하지 못했던 흥미나 관심사를 찾을 수 있을 것이다. 새로운 경험은 아직까지 가보지 못한 새로운 길을 가는 것과 같다. 그 경험 속에 어려움을 극복하며 나아가면 성취했다는 자부심과 천직 발견의 만족을 얻는 기쁨도 있다.

꼭 취업이 아니더라도 앞으로 어떤 분야이든지 창업을 한다거나 자기개발, 자아실현을 위하여 자신의 일을 가져야만 한다. 이럴 때는 구직의 개념보다는 천직의 사고로 전환해보자. 지금은 발견하기 어려울 수 있어도 자신을 둘러싼 환경과 경험을 유심히 살펴보자.

특성을 살려
잘하는 일을 하라

"솔직히 제가 무엇을 잘하는지 모르겠어요. 남들이 하는 것처럼 전공과 관련된 직무를 선택하고, 준비하는 방법이 현명하겠죠?"

취업 상담을 하다 보면 청춘들에게 이런 이야기를 많이 듣는다. 특별히 적성에 맞거나 잘하는 분야가 없어, 남들처럼만 준비를 하자는 생각이다. 그렇다면 내 인생을 남들이 하는 대로 똑같이 따라가는 인생을 살겠다는 생각을 하는 것일까? 이는 무엇인가 확실한 주관이나 선택이 없는 것에 대한 반증이다. 아직까지 자신에 대한 사랑이 부족하고 깊게 자기 분석을 하지 않았다는 증거이기도 하다. 지금까지 진로 상담, 지원 프로젝트를 해오면서 확신하는 것은 누구든지 자신의 특성과 능력을 살려 즐겁게 일할 수 있는 곳은 있다는 것이다.

특성에 주목해야 하는 이유

보통 구직을 준비할 때, 자신의 특성보다 기술이나 능력을 중요시하는 경향이 있다. 예를 들어 ○○기업의 입사를 희망한다고 하자. 우선 ○○기업에 해당하는 역량 리스트를 체크한다. 그리고 주로 토익 점수, 자격증 등 기본적으로 기업이 요구하는 기준에 맞추어 준비한다.

단, 회사와 직무를 선택하기 전에 막연하게 스펙만 쌓아 놓고 직무를 결정하는 것은 잘못된 선택을 하는 것이다. 설령 취업했다 하더라도, 직무가 적성에 맞지 않아 그만 두게 되는 경우가 생긴다.

직무에는 기획/전략, 구매/자재, 물류/유통, 인사/총무, 무역/해외영업, 생산관리/품질관리, 연구개발, 회계/재무, 법무, 영업/영업관리 등이 있다.

특성을 살리는 일을 찾기 위해서는 기술과 능력보다 먼저 자신의 특성에 주목해야 한다. 특성이라고 한다면 성격이나 자질을 바탕으로 유소년기부터 형성해 온 잘하는 행동 패턴이나 사고 과정을 말한다. 그것은 '행동특성' '사고특성' '감정특성' 으로 나눌 수 있다.

구분	내용
행동 특성	자신이 잘하는 행동 패턴, 특징적인 행동 과정
사고 특성	생각하는 방법의 성향, 또는 결단을 도출해 내는 과정
감정 특성	일이나 상황을 어떻게 느끼는가?

일을 고르기 위해서는 특히 특성이 중요하다. 우선으로 특성은 일하는 방법이나 패턴과 직결되기 때문에 그 일을 할 수 있는가를 결정짓는다.

예를 들어 조용하고 내성적인 성격의 A는 모든 일에 세밀한 곳까지 집중력을 발휘하는 것을 좋아하며(자질), 문서를 작성하고 분류하는 능력이 뛰어나다(행동 특성). 그리고 통계적인 숫자에 민감하며 분석적인 성향을 가졌으나(사고 특성) 외향성이 있어야 하는 일들의 어려움(감정 특성)을 느끼는 사람이 있다고 하자.

A의 특성으로 고려한다면 인사, 총무, 회계분야에 잘 맞는 사람이다. 만일 A가 활동적인 영업 분야에서 일하게 된다면 어떨까? 자신의 특성이 맞지 않아 일의 성과나 능률이 오르지 않을 수 있다. 목표로 하는 직종과 자신의 특성을 연관 지어보자. 이것이 자신에게 맞는 일을 선택할 수 있는 구심점이 되고, 자기소개서나 지원 동기로 연결된다.

한 분야의 충분한 역량을 발휘하여 일류가 된 사람들도 원래부터 재능을 발견했던 것은 아니다. 자신이 좋아하는 것과 특성을 끊임없이 분석하고 갈고 닦은 덕분에 열매를 맺은 것이다. 그러나 특성과 좋아하는 것만으로는 일류가 되기는 어렵다. 더군다나 전문성이 부족하거나 자신이 없는 분야는 아무리 노력해도 성과를 내기가 쉽지 않다.

그러므로 특성을 살려 잘할 수 있는 일을 찾기 위해서는 반드시 자신이 잘하는 것을 하는 것이 바람직하다. 하지만 대부분 잘하는 것을 찾고자 할 때의 최대 걸림돌은 자신이 내세울 만한 것이 없다고 생각하는 마음이다. 부정적인 사고와 낮은 자존감은 스스로 잘하는 일을 찾는 데 방해가 된다. 이제부터라도 '자신이 잘할 수 있는 것이 있다'라고 생각하자. 그리고 조금이라도 소질이 있는 일을 찾아 특성을 살려 나가야 한다.

드디어
꿈을 이루다